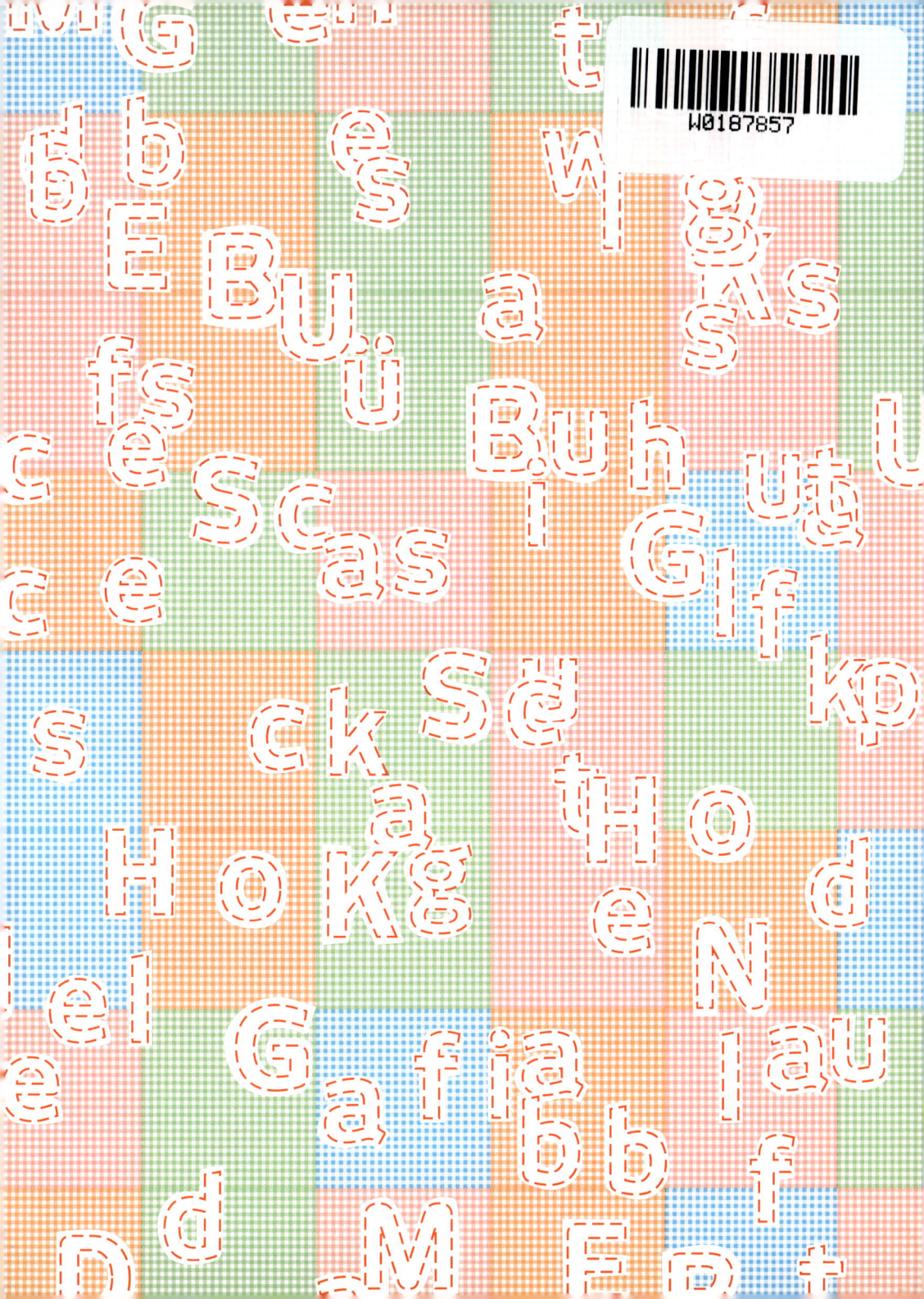

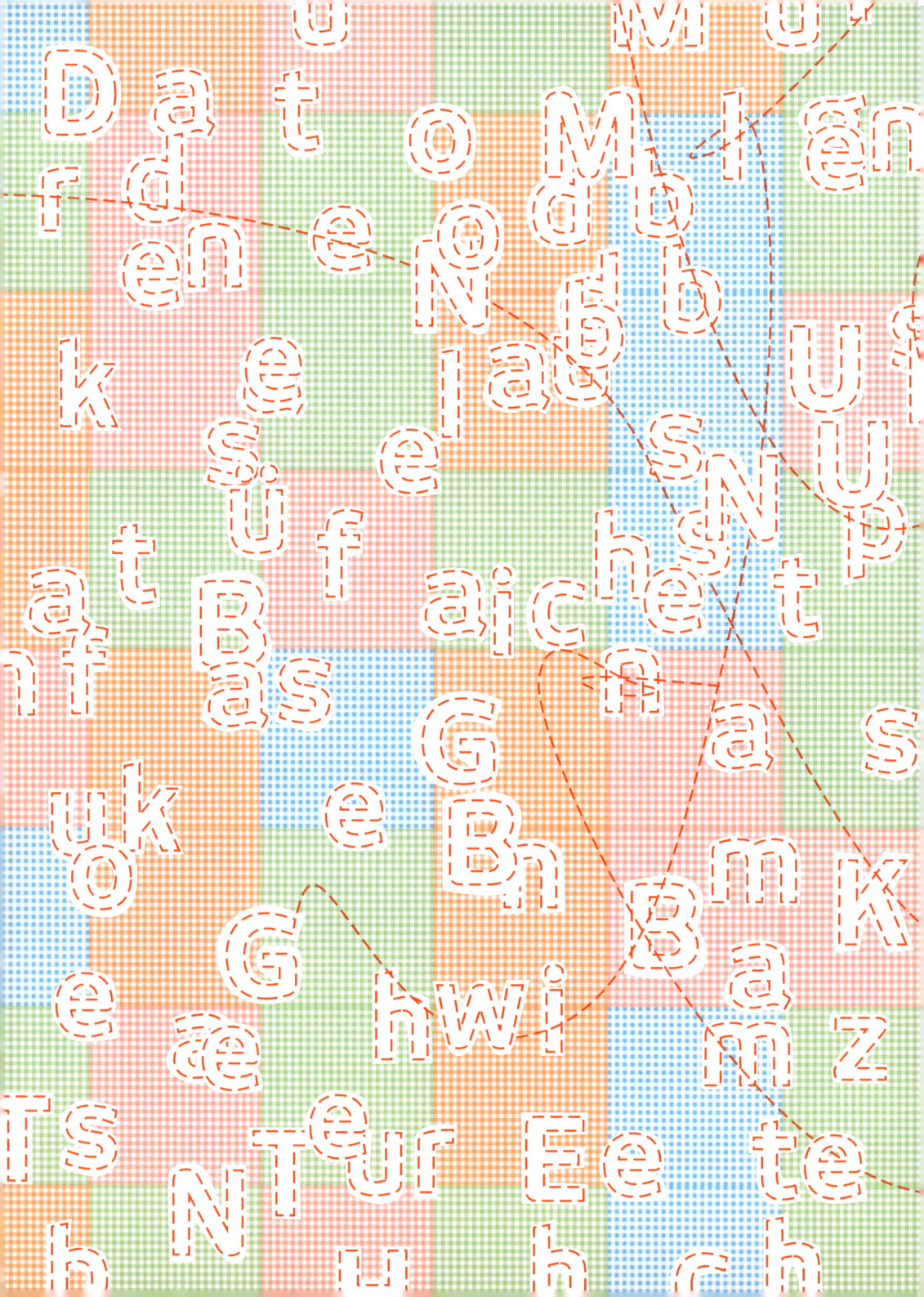

ANNETTE VILLACORTA KIENZLE

Lauter Kinder-kram

Jan Thorbecke Verlag

Inhalt

Für Schulkinder

Der Baukasten:
kleine Dinge, die ein Stück unverwechselbar machen

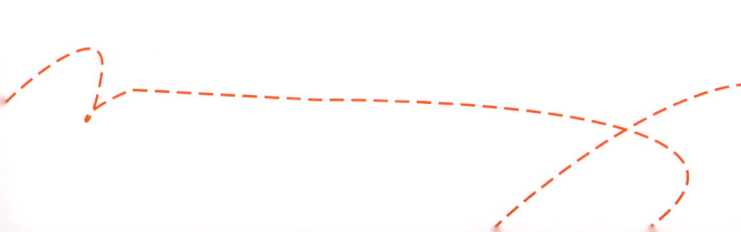

BÜGELVLIES , HAFTVLIES, VOLUMENVLIES (VLIESELINE)

—— Vlieseline ist eine Marke, die zum Namen für verschiedene Bügeleinlagen geworden ist. In diesem Buch werden drei Sorten davon gebraucht: Vor allem einseitiges Bügelvlies, ca. 50 g/m2, das von einer Seite auf den Stoff aufgebügelt werden kann, und doppelseitiges Haftvlies (Vliesofix), bei dem zunächst eine Seite durch Papier abgedeckt ist. Dazu kommt noch Volumenvlies, um etwa Buchhüllen aufzupolstern. Dafür wurde 8 mm dickes, nicht haftendes Vlies verwendet.

APPLIKATIONEN

Mit doppelseitigem Bügelvlies
—— Applikationen gelingen am leichtesten mit einem Bügelvlies, das auf beiden Seiten so beschichtet ist, dass man es auf den Stoff aufbügeln kann (Vliesofix). Auf einer Seite des Bügelvlies liegt ein Deckpapier auf, wenn man es kauft.
—— Das Bügelvlies wird zuerst von links auf den Applikationsstoff gebügelt, und zwar liegt die Papierseite oben, Richtung Bügeleisen, die raue Seite liegt unten, Richtung Stoff. Dann das Motiv der Applikation auf das Papier übertragen und durch beide Lagen ausschneiden. Das Deckpapier abziehen, das Motiv auf dem Trägerstoff platzieren und aufbügeln.
—— Dann kann man die Applikation mit einem kleinen Zickzackstich auf der Nähmaschine aufnähen. Um die kleinen Ecken und Rundungen mit der Maschine zu nähen, zwischendurch anhalten und die Maschine mit der Hand langsam weiterdrehen, bis die Nadel bei einer äußeren »Zacke« im Stoff steckt. Dann den Fuß vorsichtig lösen und den Stoff in die gewünschte Richtung drehen.

Mit der Hand

—— Wer die Applikationen mit der Hand aufnähen will, sollte den Knopflochstich verwenden: Dabei die Nadel von der Applikation nach außen zur Unterlage hin stechen und sie noch einmal durch die Schlinge führen, die der Faden bildet, ehe man zuzieht.

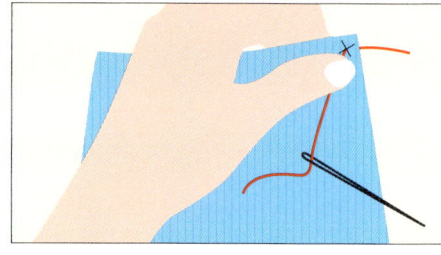

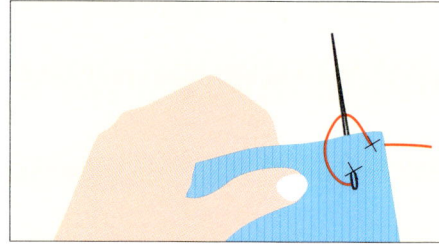

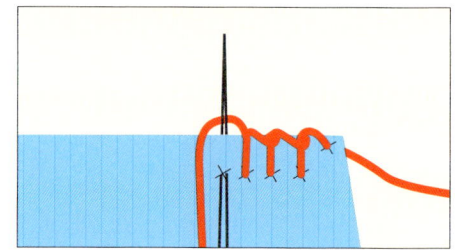

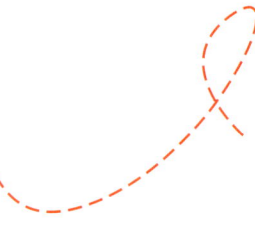

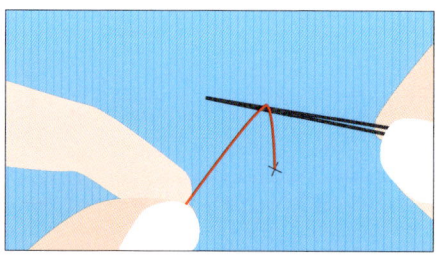

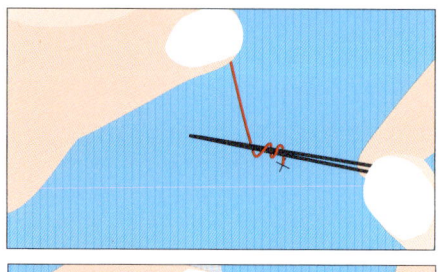

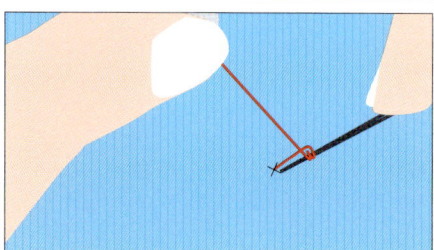

KNÖTCHENSTICH

—— Um den Stofftieren Augen aufzusticken oder um kleine Pünktchen um die applizierten Blumen zu verteilen, benutzt man den Knötchenstich: Dabei wird der Faden mit der freien Hand zweimal um die Nadel geschlungen und gut straff gehalten, ehe die Nadel wieder in das Gewebe einsticht.

LEITERSTICH

— — Um eine Wendeöffnung zu verschließen, ohne dass man die Naht nachher sieht, führt man die Nadel zunächst locker innen unterhalb der Kante entlang, so dass sich die Einstichlöcher auf beiden Seiten schräg gegenüber liegen. Am Ende zieht man den Faden stramm und damit die beiden Kanten gegeneinander – die Naht ist (fast) unsichtbar geschlossen.

KRÄUSELN

— — Zum Kräuseln stellt man an der Maschine einen geraden Steppstich und die größte mögliche Stichlänge ein und wählt einen festen Faden. Die Naht wird am Anfang und Ende nicht gesichert (wie sonst, wenn man noch einmal den »Rückwärtsgang« an der Maschine einlegt). Nun kann man den Stoff auf dem Faden zusammenschieben bzw. kräuseln, indem man vorsichtig an dem Faden zieht.
Je nach Nähprojekt muss man den Faden dann noch irgendwie in der neuen Position fixieren. Meist steppt man gleich zwei Kräuselfäden in 1 cm Abstand nebeneinander, zieht beide zusammen und verknotet an beiden Enden den oberen mit dem unteren Faden.

KNOPFLÖCHER

— — Viele Nähmaschinen haben eine Knopflochautomatik, dann braucht man nur noch die Länge des Knopflochs (Knopfdurchmesser plus ca. 2 mm) einzustellen und nach der Bedienungsanleitung der Maschine vorzugehen, die das Knopfloch automatisch näht. Danach schützt man die schmalen Enden des Knopflochs mit zwei quer gesteckten Stecknadeln und schneidet das Knopfloch vorsichtig mit einem Nahttrenner auf.
Wenn die Nähmaschine keine Automatik hat, markiert man sich das Knopfloch sehr sorgfältig mit einer Linie aus Stoffkreide und näht dann seitlich an der Linie entlang in sehr engem Zickzack-Stick, der auf 3 mm Breite eingestellt ist, eine Naht. Oben verstellt man die Maschine für einige Stiche auf 6 mm Breite, dann hält man die Maschine an, wenn die Nadel gerade auf der gegenüberliegenden Seite im Stoff steckt, und dreht den Stoff um 180 Grad. Nun näht man an der anderen Seite der Linie wieder mit Zickzack-Stich in 3 mm Breite entlang, um am unteren Ende des Knopflochs wieder mit einigen Stichen in 6 mm Breite abzuschließen und sorgfältig zu verriegeln. Nun kann man das Knopfloch wie oben beschrieben aufschneiden.

ANGABEN UNTER DEN ANLEITUNGEN

  Zeitaufwand (schnell, mittel, dauert länger)
Schwierigkeit (einfach, mittel, anspruchsvoll)

Windeltasche

Unterwegs ist es sehr praktisch, alles griffbereit zu haben, und die aufgeschlagene Windeltasche kann dann zugleich als Wickelunterlage dienen.

MATERIAL   Fertige Größe ca. 25 cm × 40 cm | Außenstoff | Innenstoff | Bügelvlies H200 | Gummiband

ZUSCHNITT   1× AUSSENSTOFF 27 cm × 42 cm | 1× INNENSTOFF= FUTTER 27 cm × 42 cm | 2× FACH 1 27 cm × 32 cm | 2× FACH 2 27 cm × 36 cm | 1× VLIES 27 cm × 42 cm für Außenstoff | 2× VLIES 27 cm × 16 cm für Fächer | 2× VLIES 27 cm × 18 cm für Fächer

ANLEITUNG   — — Die Teile nach den angegebenen Maßen zuschneiden. Auf die linke Seite des Außenstoffs das Vlies bügeln. Die 4 Stoffteile für die Innenfächer jeweils rechts auf rechts doppelt legen und die Kante bügeln. Jetzt haben die Stoffteile eine Größe von 27 cm × 16 cm bzw. 27 cm × 18 cm. Wieder aufklappen. Nun das zugeschnittene Bügelvlies auf die linke Seite einer Stoffhälfte bügeln. Bei allen vier Stoffstücken so verfahren und sie anschließend wieder wie vorher doppelt legen und nochmals bügeln.

— — Nun eine der beiden größeren Innentaschen auf die rechte Stoffseite des Futterteils legen. Die abgebügelte Stoffkante schaut zur Mitte, die offene Kante liegt bündig mit der schmalen Seite des Futterteils. Darauf nun eine kleinere Innentasche legen, auch hier liegt die äußere Kante bündig. Die gegenüberliegende Schmalseite genauso mit großer und kleiner Tasche belegen.

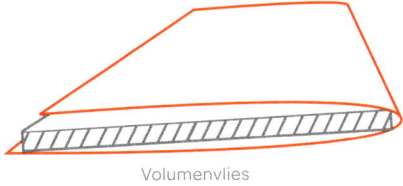

Volumenvlies

— — Auf die rechte Seite des Außenstoffs kommt nun das Gummiband. Dafür von der Schmalseite ca. 7 cm oben und unten nach innen messen. Kennzeichnen. Das Gummiband auflegen und mit ein paar kleinen Stichen oben und unten fixieren, damit es nicht mehr verrutschen kann. Gummi nicht zu stramm legen, da die Windeltasche durch das Füllen noch höher wird.

— — Jetzt den Außenstoff mit der rechte Seite und den Gummizug nach innen auf den Futterstoff und die aufgelegten Innentaschen legen. Alles ringsum mit Nadeln feststecken. Am unteren Saum ca. 15 cm zum Wenden offen lassen. Die 3 bis 9 Lagen ringsum ca. 1 cm breit absteppen. Die Kanten etwas zurückschneiden, die. Ecken zurückschneiden. Alles durch die Wendeöffnung ziehen. Bügeln. Die Wendeöffnung mit kleinen Stichen von Hand schließen (Leiterstich, s. S. 7).

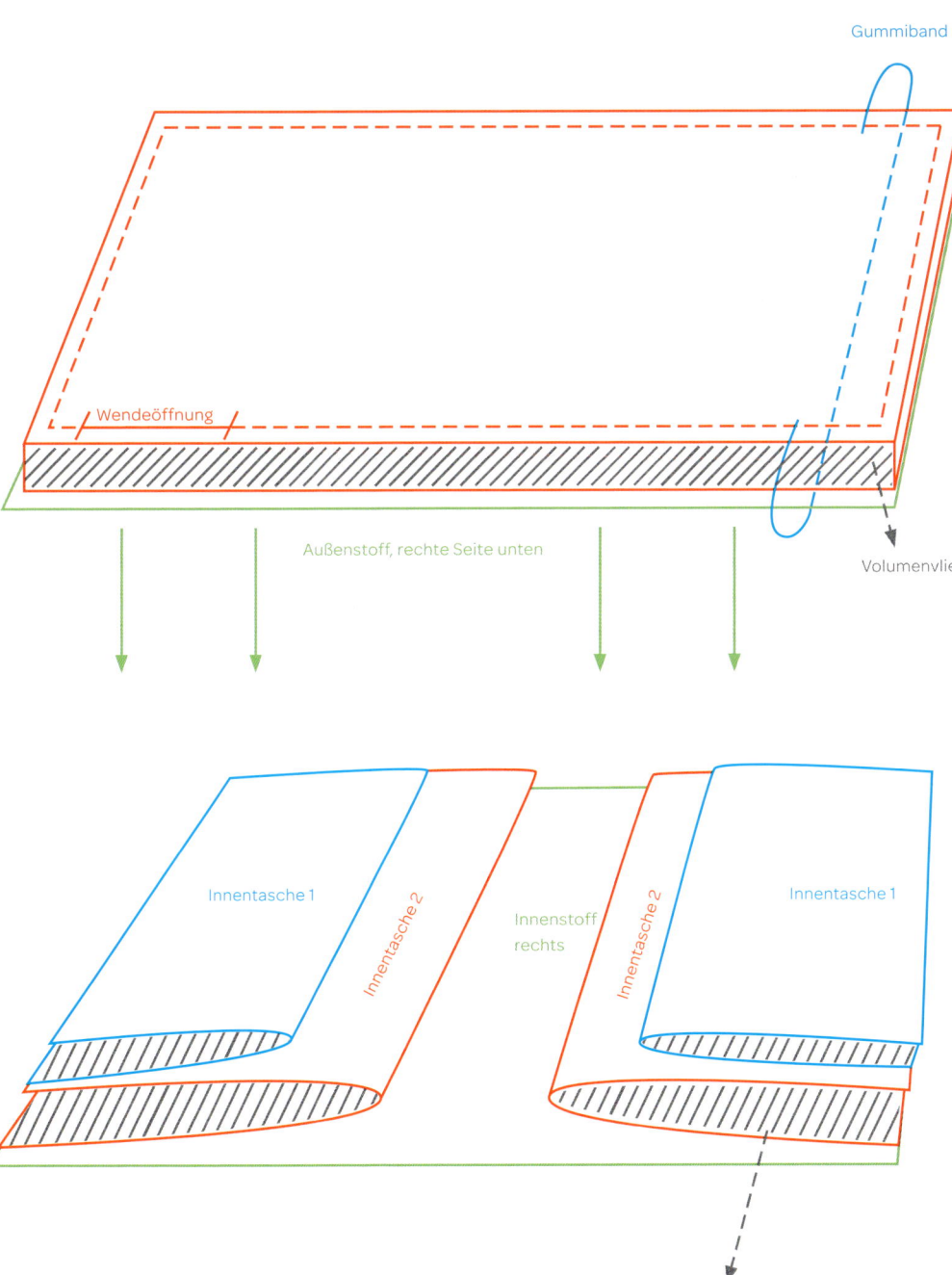

Gummiband

Wendeöffnung

Außenstoff, rechte Seite unten

Volumenvlies

Innentasche 1

Innentasche 2

Innenstoff rechts

Innentasche 2

Innentasche 1

Volumenvlies

11

U-Heft-Hülle

In den ersten Wochen und Monaten dreht sich vieles um die U-Unter-suchungen, die in dem bekannten gelben Heft eingetragen werden. Mit Hülle sieht es gleich viel netter aus.

MATERIAL Stoff für Außenteil und Futter | Bügelvlies (Vlieseline H250) | Stoffreste | Doppelseitig haftendes Bügelvlies (Vliesofix)

ZUSCHNITT **STOFF FÜR AUSSENTEIL UND FUTTER** je 25 cm × 42 cm | **BÜGELVLIES** 25 cm × 42 cm

ANLEITUNG — — Das Bügelvlies auf die linke Seite des Außenstoffs bügeln. Gewünschte Applika-tionen aus der Vorlage kopieren (s. S. 75). Das Bügelvlies auf die Stoffreste bügeln. Die Formen der Applikationen übertragen und ausschneiden (s. S. 4).

— — Für die Einschläge an den kurzen Seiten des Außenstoffs rechts und links 6 cm auf die linke Seite bügeln. Nun kann man dieses Stoffstück nochmals doppelt legen und die mittlere Falte (den »Buchrücken«) einbügeln.

Damit hat man gleich die Größe von Vorder- und Rückenteil festgelegt und kann die Applikationen an der gewünschten Stelle aufbügeln und mit einem kleinen Zickzack-Stich aufnähen (s. S. 4).

— — Das Außenteil wieder aufgeklappt mit der rechten Seite nach oben hinlegen. Nun das Futterteil mit der rechten Seite darauflegen und ringsum feststecken. Beide Stofflagen mit 1 cm Nahtzugabe zusammennähen. Dabei ca. 10 cm zum Wenden offen lassen. Nähte zurückschneiden. Ecken zurückschneiden. Alles durch die Wendeöffnung ziehen und bügeln. Wendeöffnung zunähen.

— — Den Umschlag um das U-Heft legen und nochmals die Umschlagbreite prüfen. Sie sollte beim Vorderteil und beim Rückteil gleich sein. Die Umschlagkanten nach innen bügeln. Die Kante mit Handstichen schließen. Dabei nur den innen liegenden Stoff zusammennähen, so dass außen keine Stiche zu sehen sind.

Schmusetuch

Es ist immer wieder faszinierend, kleinen Babys zuzusehen, wenn sie anfangen, die Welt mit ihren Händen zu begreifen. Weiche Tücher vermitteln ihnen dabei ein erstes Erfolgserlebnis, und dieses hier berücksichtigt außerdem das besondere Interesse der Kinder für Etiketten und Bänder aller Art.

MATERIAL   ca. 32 cm Frottee | ca. 32 cm Baumwollstoff | Stoffreste | ein kleines Stück Bügelvlies (Vliesofix)

ANLEITUNG

–– Für das Tuch ein Quadrat von 32 cm × 32 cm aus Frottee und ein Quadrat 32 cm × 32 cm aus Baumwollstoff zuschneiden.

–– Ein Stück Stoff in der Größe der Applikation zuschneiden und auf dem Bügelvlies festbügeln (Vliesofix). Applikation aufzeichnen (s. S. 74) und ausschneiden. Auf die rechte Seite des Frotteequadrats bügeln und mit einem kleinen Zickzack-Stich aufnähen (s. S. 4).

–– Für die 4 Bänder die Form (s. S. 74) aus den Stoffresten 4 mal doppelt zuschneiden. Je zwei Bänder links auf links legen und die Längsseiten mit der Nähmaschine zusammensteppen. Die kurze Seite bleibt zum Wenden offen.

–– Alles auf rechts drehen (eventuell mit einem Stift oder Schaschlikspieß nachhelfen) und bügeln. Nun die 4 Bänder auf die 4 Stoffecken legen (auf die rechte Seite). Die Bänder liegen nach innen.

–– Das zweite Stoffteil mit der rechten Seite nach innen bündig darüberlegen und feststecken. Eine Öffnung von ca. 8 cm zum Wenden lassen. Nun 1 cm vom Rand absteppen. Die Nahtzugabe zurückschneiden. Wenden, bügeln. Die Wendeöffnung mit ein paar kleinen Handstichen schließen (Leiterstich s. S. 7).

–– Zum Schluss in jedes der 4 Bänder einen Knoten binden.

Spieluhr Eule

Eine Spieluhr ist ein wunderbares Geschenk: An aufregenden Tagen haben sich unsere Kinder noch bis ins Schulalter von den vertrauten Klängen ihrer alten Spieluhr in den Schlaf wiegen lassen

MATERIAL Baumwollstoff | Stoffreste | Bügelvlies Vlieseline H200 | Doppelseitiges Bügelvlies (Vliesofix)
Spieluhr mit Kordel zum Aufziehen | Füllwatte | Stück Kordel oder Band für die Schlaufe zum Aufhängen

ANLEITUNG — — Alle Teile aus dem Schnittmuster (s. S. 76) kopieren. Vorderteil und Rückenteil je 1 mal zuschneiden (Nahtzugabe nicht vergessen). Auf die beiden Körperteile einseitiges Bügelvlies bügeln.

— — Doppelseitiges Bügelvlies auf die Stoffreste bügeln und die Kleinteile (ausgenommen Schnabelteil) aufzeichnen und ausschneiden. Der Schnabel wird doppelt ausgeschnitten. Beide Schnabelteile rechts auf rechts legen und die beiden schrägen Seitenteile steppen. Die Nahtzugabe etwas zurückschneiden und den Schnabel auf die rechte Seite wenden und bügeln.

— — Alle anderen Kleinteile, wie Flügel, Bauch, Augen … auf die beiden Vorderteile bügeln und applizieren (s. S. 4). Nun den Schnabel auf der oberen Kante des unteren Vorderteils mittig und bündig mit der Kante auflegen und feststecken. Die Schnabelspitze zeigt nach unten. Das obere Vorderteil (»Kopf«) nun mit der rechten Seite auf die rechte Seite des unteren Vorderteils legen. Beide Kanten liegen nun bündig übereinander und der Schnabel in der »Kopfmitte« dazwischen. Feststecken und alles zusammennähen. Die Nahtzugabe eventuell etwas zurückschneiden. Am oberen Kopfteil eine kleine Kordelschlaufe (Schlaufe ca. 8–10 cm) mittig auflegen. Die Rundung liegt nach innen. Am Vorderteil des Kopfs mit ein paar kleinen Stichen fixieren. An dieser Kordel kann nachher die Spieluhr aufgehängt werden.

— — Nun das Rückenteil mit der rechten Seite auf die rechte Seite des Vorderteils legen. Alles gut feststecken. Ringsum mit ca. 0,5 cm Nahtzugabe zusammensteppen. Dabei die Wendeöffnung und am unteren Teil mittig eine kleine Öffnung für den Kordelzug der Spieluhr frei lassen. Alles durch die Wendeöffnung ziehen und bügeln. Nun etwas Füllwatte in den unteren Teil der Eule stopfen. Dann die Spieluhr durch die Wendeöffnung stecken und das Kordelende durch die kleine untere Öffnung führen. Jetzt alles gut mit Füllwatte stopfen, bis die Spieluhr sich schön griffig anfühlt. Öffnungen mit ein paar kleinen Handstichen zunähen (Leiterstich, s. S. 7).

— — Der Schnitt kann auch für ein kleines Kissen verwendet werden. Man lässt dann nur die Spieluhr und die Kordelschlaufe zum Aufhängen weg.

Kinderdecke

Allein schon für die niedlichen Motive auf dieser Decke wird sich jedes Baby auf den Bauch drehen wollen!

MATERIAL
1 m Waffelpikee ca. 150 cm breit | 1 m Volumenvlies | Stoffreste | Sticktwist, oder Perlgarn Nr. 3 | Doppelseitiges Bügelvlies (Vliesofix)

ANLEITUNG
— — Den Stoff auseinanderfalten und im Stoffbruch auseinanderschneiden: Jetzt hat man 2 Stoffteile von je 1 m × 0,75 m. Ein Stoffteil ist das Vorderteil und wird mit den Motiven appliziert und bestickt, das andere Stoffteil ergibt das Rückenteil und bleibt frei.

— — Motive aus der Vorlage (s. S. 78) kopieren. Bügelvlies auf die Stoffstücke bügeln und die Motive darauf übertragen. Ausschneiden. Je nach Wunsch auf der rechten Seite des Vorderteils platzieren, aufbügeln und mit Zickzack-Stich applizieren (s. S. 4). Je nach Motiv mit Kett-, Stepp-, Knötchen- oder Stielstich (s. S. 6) ausarbeiten.

— — Ringsum von der äußeren Kante ca. 5 bis 6 cm nach innen messen und mit Sticktwist oder Perlgarn mit Stielstich ringsum sticken.

— — Das fertige Vorderteil mit der linken Seite auf das Volumenvlies legen. Das Rückenteil rechts auf rechts auf das Vorderteil legen. Alle 3 Lagen gut zusammenstecken und am äußeren Rand ringsherum zusammensteppen. Dabei eine Wendeöffnung von gut 25 bis 30 cm offen lassen. Die Nahtzugaben eventuell zurückschneiden. Die Decke durch die Wendeöffnung ziehen. Wendeöffnung mit kleinen Handstichen (Leiterstichen, s. S. 7) zunähen. Die Decke bügeln.

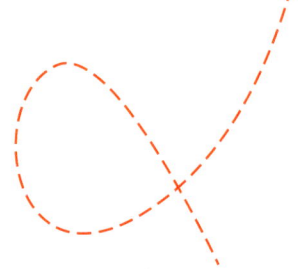

Hase im Beutel

Ein Stofftier, das sein eigens Zuhause hat und sein Herrchen oder Frauchen überallhin begleitet, entlastet auch Mamas und Papas – dieses ist dazu noch voll waschbar.

MATERIAL

FÜR DIE TASCHE

Außenstoff (ca. 30 cm × 15 cm) | Stoff für Futter (ca. 20 cm × 15 cm) | Bügelvlies (Vlieseline H200) | Satinband (ca. 2 m) | Hosengummi (ca. 20 cm)

FÜR DEN HASEN

Frotteestoff | Sticktwist | Stoffrest | Füllwatte | Satinband

ANLEITUNG

— — Für die Tasche jeweils 2× Außenstoff und 2× Futterstoff nach dem Schnittmuster (S. 23) zuschneiden. Bei der Stoffblende unten Nahtzugabe 0,5 cm dazugeben.

— — Bügelvlies auf die beiden linken Seiten der Außentasche bügeln. Die Stoffblende mit der linken Seite auf die rechte Seite an die oberen Kante des Futterstoffs legen und feststecken. 1 cm breit abnähen. Nahtzugabe umklappen und nach unten bügeln.

— — Innen- und Außentasche rechts auf rechts legen. Die obere Kante bündig 1 cm breit absteppen. Die Naht ausbügeln. Das Futterteil nach innen klappen und die Kante nochmals bügeln.

— — Von der oberen Kante 1 cm nach unten messen. Nun die erste Steppnaht für den Tunnelzug steppen. Von dieser Naht nochmals 1 cm nach unten messen und die zweite Naht parallel steppen.

— — Vorderteil und Rückteil rechts auf rechts legen, so dass die obere Kante bündig ist. Von der oberen Kante bis zur ersten Steppnaht mit 0,5 cm Nahtbreite nähen. Dann gut verriegeln, damit die Naht nicht mehr aufgeht. Von der zweiten Steppnaht weiter nähen bis zur unteren Steppnaht auf der gegenüberliegenden Seite. Dort die Naht verriegeln. Jetzt das letzte Stück bis zur oberen Kante steppen, vor dem Tunnelzug wieder Verriegeln. Die Kanten eventuell zurückschneiden und mit einem Zickzack-Stich versäubern. Dabei darauf achten, dass der Tunnelzug frei bleibt.

— — Die Tasche wenden und bügeln. Ca. 30 cm Gummiband mit Hilfe einer Sicherheitsnadel durch den Tunnel ziehen, dann an beiden Seiten so weit herausziehen, das die obere Öffnung die gewünschte Größe erhält. Das Gummiband mit ein paar Stichen zusammennähen.

— — Ca. 1,40 m Satinband oberhalb des Tunnelzugs rechts und links mit Handstichen annähen. Aus Satinband 2 kleine Schleifen legen und über die Nahtstelle des aufgenähten Bandes nähen.

— — Für den Frottehasen die Hasenschablone zweimal aus Frotteestoff zuschneiden.

— — Auf zwei kleine Stoffstücke etwas Bügelvlies bügeln. Auf diese Stückchen die Ohren aufzeichnen, ausschneiden und auf die rechte Seite der Frotteeohren bügeln. Mit einem kleinen Zickzack-Stich aufnähen. Die zwei Hasenkörper nun rechts auf rechts legen und mit ca. 0,8 cm Nahtzugabe zusammennähen, dabei eine Wendeöffnung frei lassen. Die Rundungen der Nahtzugabe etwas einschneiden. Vorsichtig wenden. Den Hasen bis zur gewünschten Stärke ausstopfen und die Wendeöffnung von Hand zunähen. Nun mit Sticktwist das Hasengesicht aufsticken. Knötchenstich für die Augen (s. S. 7). Ansonsten Spannstich für Näschen und Barthaare.

— — Zum Schluss ein schmales Satinband um den Hals zur Schleife binden und das Häschen in die Tasche stecken.

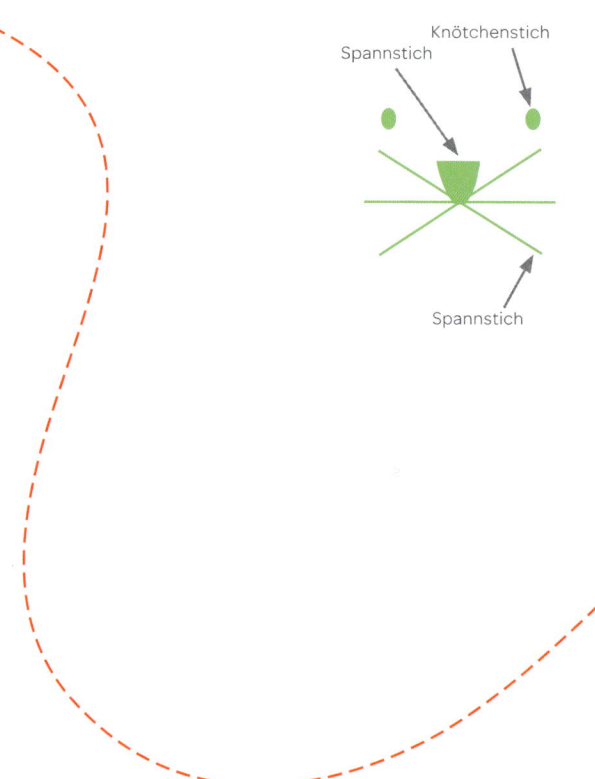

SCHNITTMUSTER, HASE IM BEUTEL

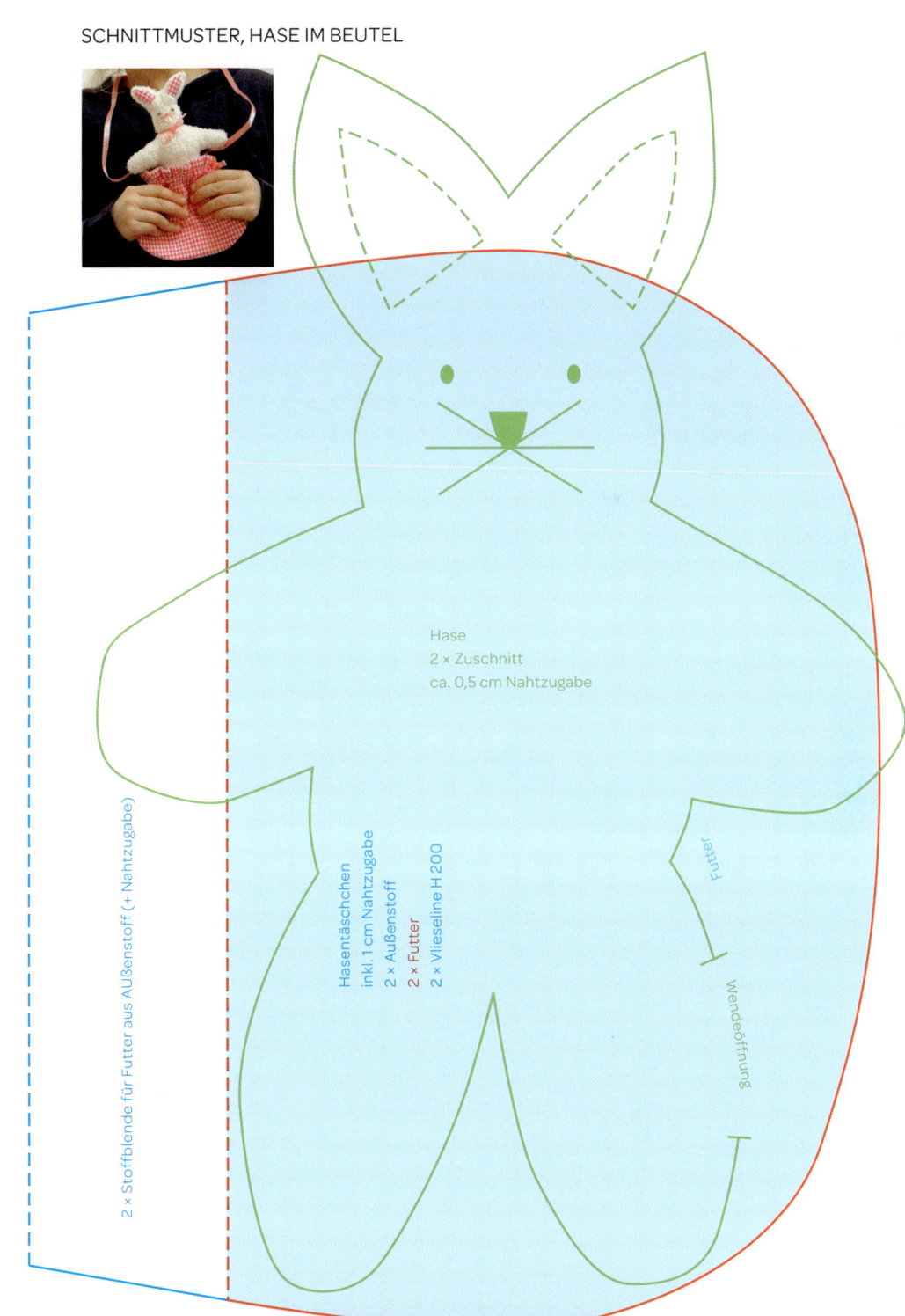

Hase
2 × Zuschnitt
ca. 0,5 cm Nahtzugabe

Hasentäschchen
inkl. 1 cm Nahtzugabe
2 × Außenstoff
2 × Futter
2 × Vlieseline H 200

2 × Stoffblende für Futter aus Außenstoff (+ Nahtzugabe)

Futter

Wendeöffnung

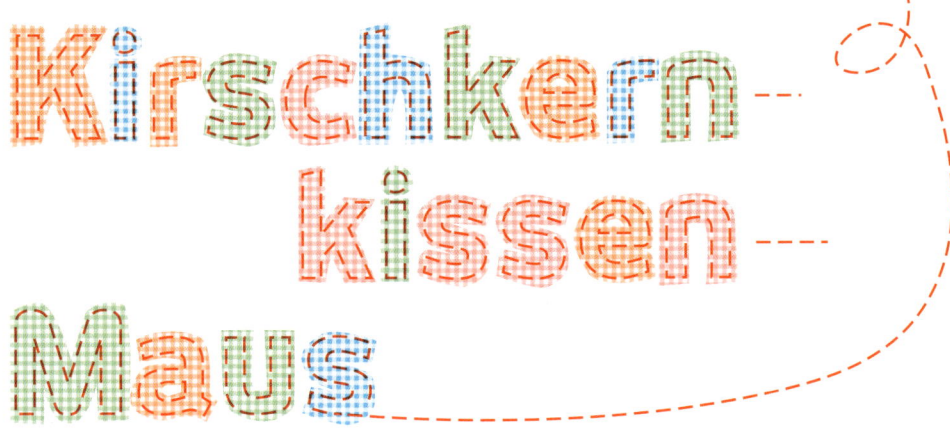

Kirschkern-kissen-Maus

Diese süße Maus kommt gerne mit ins Bett und hilft wunderbar gegen Bauchschmerzen und kalte Füße.

MATERIAL Frotteestoff (2× 25 cm × 18 cm) | Baumwollstoff (2× 25 cm × 18 cm) | farbige Stoffreste | Doppelseitiges Bügelvlies (Vliesofix) | Stickgarn | Klettband ca. 14 cm | Kirschkerne

ANLEITUNG — — Alle Teile aus der Anleitung (S. 80) kopieren. Bügelvlies auf die Stoffreste für Nase und Auge bügeln. Das Vorderteil 1 mal aus Frottee zuschneiden

— — Nase und Auge aufzeichnen und ausschneiden. Auf das rechte Vorderteil der Maus bügeln und mit kleinem Zickzack-Stich aufnähen. Den Mund mit Stickgarn aufsticken (Stielstich).

— — Ohren insgesamt 4 mal zuschneiden. Jeweils 2 Ohrenteile rechts auf rechts legen und knappkantig zusammen nähen. Die untere Kante bleibt zum Wenden offen. Die Ohren wenden und bügeln. Ohren bis zur Markierung falten und an der vorgesehenen Stelle im Vorderteil feststecken. Dabei liegen die Ohren nach innen.

— — Die beiden Rückenteile aus Frottee zuschneiden. Die beiden geraden Kanten mit Zickzack-Stich versäubern. Auf die gerade Kante des Hinterteils das Klettband nähen. Dabei bleiben rechts und links 1 cm von der Seitennaht frei, da die Seitennaht sonst mit dem Klettband sehr störrisch wird.

— — Vom Kopfteil 2 cm von der geraden Kante nach innen messen und die Kante nach links bügeln. Hier das Gegenstück des Klettbandes aufnähen.

— — Nun auf die rechte Seite des Vorderteils zuerst das Kopfteil legen und dann das Rückenteil (rechts auf rechts). Alles gut feststecken und ringsum zusammennähen. Die Nahtkante eventuell zurückschneiden und mit Zickzack-Stich versäubern. Dann die ganze Maus durch die Wendeöffnung ziehen.

— — Für das Innenteil 2 mal Stoff zuschneiden. Die beiden Teile rechts auf rechts legen und ringsum mit 1 cm Nahtzugabe zusammennähen. Dabei eine Öffnung zum Wenden lassen. Die Innen-Maus wenden und das gewünschte Gewicht an Kirschkernen einfüllen. Die Wendeöffnung zunähen (Leiterstich s. S. 7).

— — Das gefüllte Kirschkernteil in das Frotteeteil stecken.

Kissen mit Gans

Der Clou dieser Gans sind ihre beweglichen Füße und der plastische Schnabel. Wenn es beim abendlichen Vorlesen spannend wird, werden sie gerne massiert und geknetet.

MATERIAL
1 Innenkissen (40 cm × 60 cm) │ Stoff (66 cm × 114 cm) │ Frotteestoff (25 cm × 18 cm) │ Doppelseitiges Bügelvlies (Vliesofix) │ Satinband, ca. 0,5 cm breit

ANLEITUNG
— — Aus dem Stoff ein Rechteck von 66 cm × 114 cm zuschneiden.

— — An den beiden kurzen Kanten für den Saum je zweimal 4 cm auf die linke Seite bügeln und feststeppen. Das heißt erst 4 cm nach innen bügeln, nochmals 4 cm nach innen umklappen, bügeln, feststeppen. So auf beiden schmalen Seiten verfahren.

— — Die Gans aus der Anleitung kopieren (S. 82). Bügelvlies auf den Frotteestoff bügeln und das Motiv übertragen und ausschneiden. Den Gänseschnabel zweimal zuschneiden, Schnabelteile rechts auf rechts legen und mit 0,5 cm Nahtzugabe zusammennähen. Die obere Kante ist die Wendekante. Schnabel umdrehen und bügeln.

— — Die Gänsefüße viermal zuschneiden. Wie den Schnabel zu zwei Füßen zusammennähen, umdrehen und bügeln.

— — Um den Sitz der Applikation festzulegen, wie folgt verfahren: Das Stoffstück um das Kissen schlagen. Dabei das Rückenteil unten noch einmal 20 cm nach innen einschlagen. Den restlichen Stoff über die Vorderseite schlagen und feststecken. Nun das Kissen drehen und auf der Vorderseite den Platz für die Applikation festlegen. Das Stoffstück wieder ausbreiten und unter die Gans den Schnabel und die Füße stecken und feststecken. Dann den Gänsekörper aufbügeln.

— — Mit einem kleinen Zickzack-Stich aufnähen. Soll der Gänsehals eine kleine Schleife bekommen, das Band unter die gewünschte Stelle am Hals legen, gleich mit aufbügeln und mit annähen. Danach zur Schleife binden.

— — Der Kissenbezug bekommt einen Hotelverschluss ohne Knöpfe: Von der oberen Kante ca. 33 cm auf die linke Seite doppelt legen und die Kante festbügeln. Die Stoffseiten liegen rechts auf rechts. Von der unteren Kante ca. 22 cm umschlagen und festbügeln.

— — Die beiden Umschläge so legen, dass der größere ein wenig über den anderen überlappt, und an den Seitenkanten mit 2 cm Nahtbreite zusammennähen. Die Naht auf 1 cm zurückschneiden und versäubern. Den Bezug wenden, bügeln und über ein Kissen ziehen.

Kleine Tasche

Unsere Tochter liebte kleine Taschen. Sie schleppte ständig eine davon mit sich herum, gefüllt mit allen möglichen und unmöglichen Schätzen.

MATERIAL 20 cm × 50 cm Baumwollstoff für den Beutel | 20 cm × 50 cm Baumwollstoff für das Innenfutter | Baumwollstoff für Passe und Henkel | Bügelvlies (Vlieseline H250) für Passe und Henkel

ANLEITUNG

– – Schnittmuster für den Beutel vergrößert aus der Anleitung kopieren (Zoom: 200 %).

– – Das Schnittmuster zweimal aus dem Baumwollstoff für außen und zweimal aus dem Baumwollstoff für das Innenfutter. zuschneiden.

– – Für die Passe 4 Stoffstreifen von 8 cm × 18,5 cm zuschneiden.

– – Für die Henkel 2 Stoffstreifen von 6 cm × 22 cm zuschneiden.

– – Auf die Passenteile und die Henkel Bügelvlies aufbügeln. Die Henkel mit der Längsseite rechts auf rechts doppelt falten und ca. 0,5 cm vom Rand absteppen. Mit Hilfe einer Sicherheitsnadel auf rechts drehen und bügeln.

– – Die Markierung für den Kräuselfaden vom Muster auf die Beutelteile übertragen. Den Kräuselfaden vorne und hinten auf das Beutelteil aufsteppen (Kräuseln: s. S. 7). Mit dem Futterteil genauso verfahren. Den Kräuselfaden so ziehen, dass das Beutelteil die Breite vom Passenteil bekommt.

– – Nun eins der vier Passenteile rechts auf rechts auf ein Beutelteil legen und feststecken. Mit 1 cm Nahtbreite zusammennähen. Danach den Kräuselfaden entfernen. Mit der anderen Seite des Beutels und den beiden Futterteilen genauso verfahren.

– – Die Ansatzpunkte für die Henkel auf den Passenteilen, die mit den äußeren Beutelteilen verbunden sind, von jeder Seite 4 cm nach innen ausmessen. Dann den Henkel feststecken.

– – Jetzt Vorderteil und Rückenteil rechts auf rechts legen und feststecken. Die Seiten der Passe und der Beutelteile zusammennähen. Mit dem Futterteil genauso verfahren. Dabei die Wendeöffnung auf der unteren Seite nicht vergessen!

– – Jetzt die Außentasche auf rechts drehen und das Futterteil mit der linken Seite nach außen über die Außentasche ziehen. An der oberen Passenkante ringsum feststecken und Außen- und Innenteil zusammennähen.

– – Tasche durch die Wendeöffnung ziehen und die Öffnung zunähen. Bügeln. (Für die Häkelblume s. S. 72)

Turnbeutel

Schon im Kindergarten ist ein Turnbeutel unentbehrlich. Dieser hier ist garantiert unverwechselbar und wird auch nicht vergessen!

MATERIAL Baumwollstoff │ Stoffreste │ 1,50 m Baumwollkordel

ZUSCHNITT **1× STOFFTEIL** 73 cm × 18 cm (oberes Beutelteil) │ **2× STOFFTEIL** 73 cm × 30 cm (unteres Beutelteil) │ **10× WIMPEL** nach der Schablone S. 32 (Nahtzugabe 0,5 cm inklusive)

ANLEITUNG

– – 10 Wimpel doppelt zuschneiden. Stoff je Wimpel rechts auf rechts legen und an den Längskanten zusammennähen. So mit allen Wimpeln verfahren. Anschließend wenden und bügeln.

– – Das größere Stoffteil für den unteren Beutel mit der rechten Stoffseite nach oben hinlegen. Nun die Wimpel Kante an Kante an die lange, obere Seite legen, dabei 1,5 cm Abstand von der Seitenkante halten. Die Spitze der Wimpel zeigt nach innen, die Wimpel liegen auf dem rechten Stoffteil bündig mit der oberen Kante. Jetzt das kleinere Stoffteil mit der rechten Seite nach unten bündig über die Wimpel legen. Alles gut feststecken und zusammen absteppen. Nahtzugabe eventuell zurückschneiden. Naht versäubern. Nahtkante bügeln. (siehe Skizze S. 33)

– – Die Längskante des oberen Beutelteils nach innen umschlagen und abbügeln. So erhält der Tunnelzug gleich eine schöne Kante

– – Für den Tunnelzug der Kordel von der oberen, längeren Kante ca. 1 cm Stoff auf die linke Stoffseite umschlagen und abbügeln. Dann nochmals 2 cm in die gleiche Richtung umschlagen. Nun in 0,5 cm Abstand von der unteren Kante des Tunnelzugs absteppen.

– – Die Kordel mit Hilfe einer Sicherheitsnadel durch den Tunnel ziehen. Den Beutel doppelt falten und dabei rechts auf rechts legen. Auf der rechten Seite (jetzt innen) die Kordel mitführen. Ca. 4 cm von der unteren Kante der Seitennaht nach oben messen. Dort die Kordel-Enden mit einer Stecknadel feststecken und annähen. ((Skizze Turnbeutel 2))

– – Nun die Seitenkante und die untere Kante mit Stecknadeln bündig fixieren. Ca. 1,5 cm breit absteppen. Dabei aufpassen, dass der Tunnelzug frei bleibt. Die Nahtzugabe eventuell zurückschneiden und versäubern. Den Beutel wenden und bügeln.

– – Tipp: Man kann die Wimpel auch nur einfach nähen. Dafür jeden Wimpel nur einmal zuschneiden. Auf Bügelvlies bügeln. Die Wimpel auf das Beutelteil bügeln und mit Zickzack-Stich aufnähen.

SCHNITTMUSTER UND ANLEITUNG, TURNBEUTEL

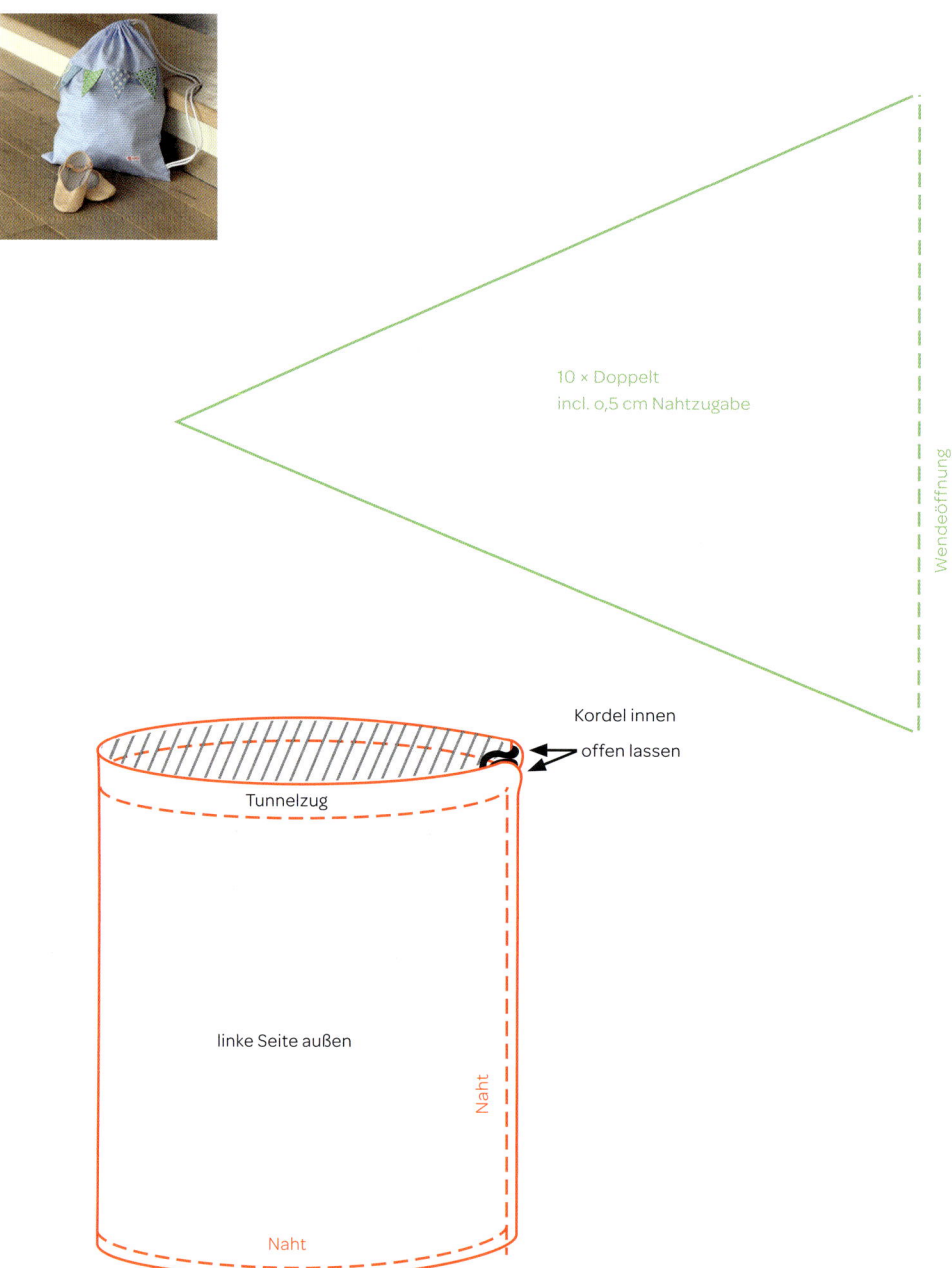

10 × Doppelt
incl. o,5 cm Nahtzugabe

Wendeöffnung

Kordel innen

offen lassen

Tunnelzug

linke Seite außen

Naht

Naht

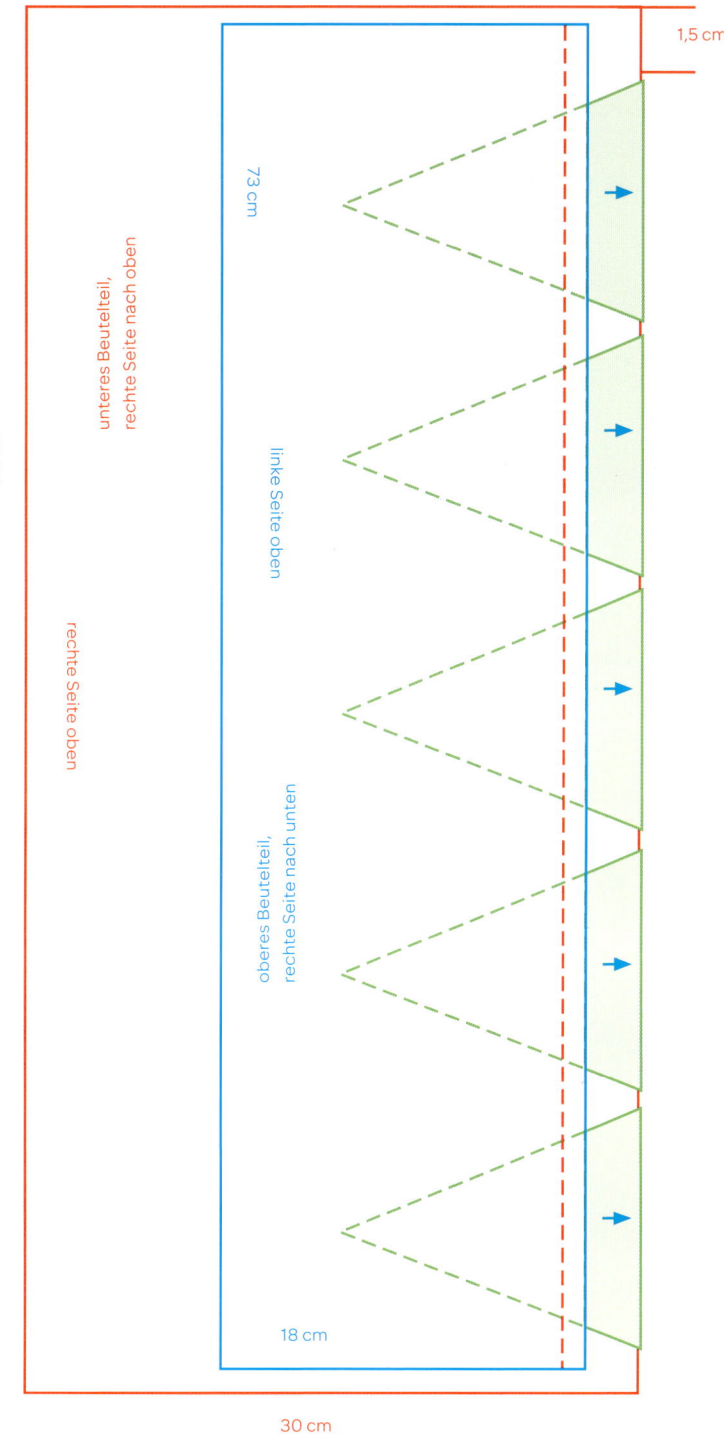

1,5 cm

73 cm

unteres Beutelteil,
rechte Seite nach oben

73 cm

linke Seite oben

rechte Seite oben

oberes Beutelteil,
rechte Seite nach unten

18 cm

30 cm

33

Hülle für Kühlkissen

Kühlkissen helfen und trösten bei kleineren Blessuren ganz ungemein. Wenn sie aus dem Tiefkühlfach kommen, brauchen sie eine weiche Hülle, um die Kälte etwas abzumildern.

MATERIAL
Stoff, eventuell Frottee │ Kühlkissen 15 cm × 9 cm │ Doppelseitiges Bügelvlies (Vliesofix)

MATERIAL
1× VORDERTEIL, 23,0 cm × 11,5 cm │ 1× RÜCKENTEIL, 15,0 cm × 11,5 cm │ Für die Variante aus Stoffstreifen hier: 3× 6 cm × 11,5 cm │ 1× 5 cm × 11,5 cm │ 1× 7,5 cm × 11,5 cm

ANLEITUNG
— — VARIANTE MIT APPLIKATION: Buchstaben aus dem Schnittmuster (S. 85) übernehmen. Stoff auf doppelseitiges Bügelvlies bügeln. Buchstaben aufzeichnen, ausschneiden und auf das Vorderteil legen. Dabei beachten, dass 6,5 cm für den Umschlag (das Vorderteil wird auf die Rückseite umgeschlagen) und 1 cm für die Naht abgerechnet werden müssen. Buchstaben festbügeln und mit kleinem Zickzack-Stich aufnähen (s. S. 4–6).

— — VARIANTE AUS STOFFSTREIFEN: Streifen zusammennähen, bis eine Länge von 23 cm erreicht ist. Die Nahtzugabe zwischen den Streifen mit je 1 cm nicht vergessen.

— — Die schnellste Variante: Nur die Stoffstücke für Vorderteil und Rückenteil zuschneiden.

— — Das Vorderteil wie gewünscht gestalten. Das Rückenteil zuschneiden. Ich nehme Frottee. Vorderteil und Rückenteil an einer kurzen Seite mit Zickzack-Stich versäubern. Die versäuberte Kante des Rückenteils nun 2 cm auf die linke Seite umschlagen und bügeln. Von der entsprechenden Seite des Vorderteils ca. 1,5 cm umschlagen und absteppen.

— — Im Prinzip bekommt das Kühlkissen einen »Hotelverschluss« wie das Gänsekissen (s. S. 26), jedoch werden bei der gleichen Naht auch das Rücken- und das Vorderteil miteinander verbunden: Das Rückenteil bündig mit der unteren schmalen Kante rechts auf rechts auf das Vorderteil legen. Die obere Kante des Vorderteils liegt jetzt bündig auf der Saumkante des Rückenteils.

— — Die beiden Seitenteile und den Boden mit 1 cm Naht zusammennähen. Die Nahtzugabe eventuell zurückschneiden. Wenden und bügeln.

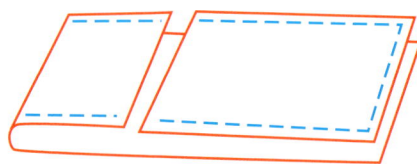

Wimpelkette

*Fröhliche Farben fürs Kinderzimmer, ohne dass
man gleich die ganze Wand neu streichen muss,
wenn sich der Geschmack ändert.*

MATERIAL   verschiedene Stoffe │ Stoff für Band oder ca. 2,50 m fertiges Schrägband

ANLEITUNG   — — Die Vorlage kopieren und die gewünschte Anzahl von Wimpel zuschneiden.
Jeder Wimpel wird aus 2 Stoffstücken genäht. Unsere Kette hat 11 Wimpel
— — Für die Wimpel den ausgeschnittenen Stoff rechts auf rechts legen und
zusammenstecken. Nun die beiden Längsseiten zusammensteppen. Die kurze Seite
bleibt offen zum Wenden. Wenden und bügeln.
— — Den Stoff 2,50 m × 5,5 cm breit zuschneiden, dann der Länge nach doppelt
legen und bügeln. Wieder aufklappen und die beiden Seitenteile zur Mittelnaht
bügeln. Nun nochmals über die Mittelkante bügeln. Dann die Wimpel im gewünschten Abstand zwischen die beiden Stoffteile legen und feststecken. Am besten
die Bandmitte markieren und dort den ersten Wimpel feststecken. Dann nach
rechts und links gleichmäßig die Wimpel verteilen. An den Enden rechts und links
genügend Band zum Aufhängen frei lassen.
— — Nun alles zusammennähen.

Mit Zoom 200% vergrößert kopieren!

Wimpel inkl. 0,5 cm Nahtzugabe
11 × doppelt zuschneiden

Wendeöffnung

Pippi-Langstrumpf-Schürze

Wer kennt sie nicht, die fröhliche Schürze, die Pippi Langstrumpf im Film und auf dem Buchtitel trägt? Sie lässt sich recht einfach nähen und mit den Knöpfen genauer anpassen.

MATERIAL Für eine Schürze in Gr. 92 │ je 0,60 m Baumwollstoff für Innen und Außen │ 2 Knöpfe oder 2 große Druckknöpfe

ZUSCHNITT 1× SCHÜRZE mit dem Außenstoff │ 1× SCHÜRZE mit dem Innenstoff │ 2× TASCHE (Muster S. 50–51)

ANLEITUNG

— — Das Vorderteil und Rückenteil der Tasche rechts auf rechts legen und so zusammennähen, dass die obere, gerade Kante als Wendeöffnung frei bleibt. Die Nahtzugabe zurückschneiden und an den Rundungen etwas einschneiden, damit sich der Stoff besser legt.

— — Die Tasche auf rechts drehen. Die Oberkante ca. 2,0 cm nach innen bügeln Dann von der rechten Seite in ca. 1,5 cm Abstand von der oberen Kante absteppen. Fertige Tasche auf die markierte Fläche im Vorderteil feststecken und festnähen.

— — Den Außen- und den Innenstoff rechts auf rechts an allen Seiten bündig aufeinander legen und feststecken. Mit 1 cm Nahtzugabe zusammennähen, dabei eine Wendeöffnung freilassen. Die Nahtzugabe zurückschneiden und an den Rundungen bis knapp vor die Naht einschneiden, damit sich der Stoff schön legt. Dann die Schütze durch die Wendeöffnung ziehen. Bügeln.

— — Die Schürze rundherum schmalkantig absteppen, dabei die Wendeöffnung gleich mit zunähen.

— — In die hinteren Träger die Knopflöcher laut Markierung einarbeiten (s. S. 54). Im vorderen Trägerteil die Knöpfe annähen. Träger im Rücken überkreuzen und festknöpfen.

— — Wer keine Knopflöcher nähen möchte, kann auch größere Druckknöpfe annähen.

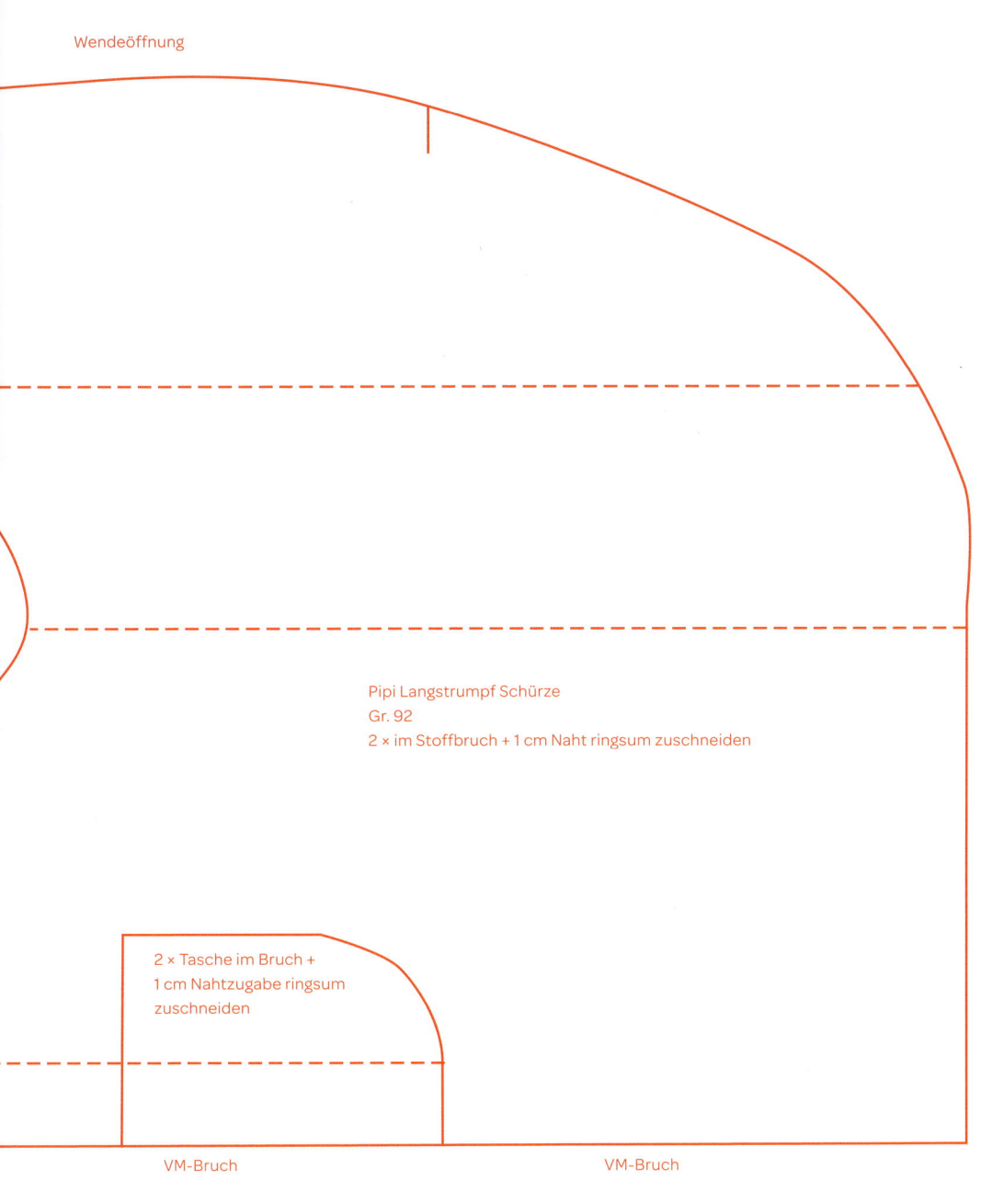

Wendeöffnung

Pipi Langstrumpf Schürze
Gr. 92
2 × im Stoffbruch + 1 cm Naht ringsum zuschneiden

2 × Tasche im Bruch +
1 cm Nahtzugabe ringsum
zuschneiden

VM-Bruch

VM-Bruch

Beutel für nasses Schwimmzeug

Für kleine Wasserfrösche: Das Wachstuch hält den Rest der Badetasche trocken.

MATERIAL   Wachstuch (60 cm × 25 cm) │ 2 Druckknöpfe

ANLEITUNG
— — Aus dem Wachstuch einen Streifen von 60 cm × 25 cm zuschneiden. Den Streifen mit der rechten Seite nach oben hinlegen.

— — Für die Klappe von einer Schmalseite 6 cm Wachstuch vom Rand rechts auf rechts doppelt legen, feststecken und ca. 1 cm an der Längskante und den beiden Seitenkanten zusammennähen. Auf die rechte Seite wenden und knappkantig am Rand entlang absteppen. (SKIZZE 1)

— — Von der anderen Schmalseite ca. 1,5 cm auf die linke Seite schlagen und knappkantig absteppen. Das untere Teil – Stoff liegt jetzt rechts auf rechts. – bis zur Kante der oberen Klappe legen. An den Seiten zusammennähen.

— — Für den Boden den Stoff nun so legen, dass die Seitenteile in der Mitte liegen und die Ecken abstehen. Von der Eckenspitze 3 cm nach innen messen und quer darüber nähen. Spitzen abschneiden. Den Beutel umstülpen. (SKIZZE 2)

— — Den gewünschten Platz für die Druckknöpfe ausmessen. Die Druckknöpfe nach Packungsanleitung einschlagen.

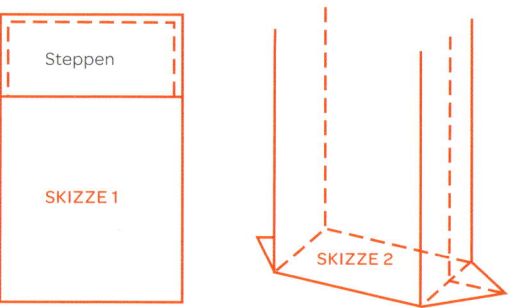

Steppen

SKIZZE 1

SKIZZE 2

Beuteltasche

Die Henkel dieser Tasche lassen sich ganz nach Maß verknoten und wachsen darum mit.

MATERIAL Baumwollstoff │ Bügelvlies: Vlieseline H200 (bei dünnem Stoff) │ Band, Spitze

ZUSCHNITT (SCHNITTTEILE SIEHE NÄCHSTE SEITE): 2× unteres Taschenteil │ 2× oberes Taschenteil │ 2× Innenfutter │ 2× Rechtecke 14 cm × 10 cm, für das Innentäschchen

ANLEITUNG — — Eventuell Vlies aufbügeln. Einen oberen und einen unteren Taschenteil rechts auf rechts legen und zusammensteppen. Die Nahtzugabe zu beiden Seiten ausklappen und ausbügeln. Spitze oder Webband auf die rechte Seite über die Naht nähen. Damit kann man die Naht schön »verstecken«. Mit den beiden anderen Taschenteilen genauso verfahren. (SKIZZE 1, SIEHE NÄCHSTE SEITE)

— — Die beiden neu entstandenen Taschenteile rechts auf rechts legen und feststecken. An einer Seitenkante oben mit dem Nähen beginnen, dann den Boden und bis zur anderen Seitenkante oben in U-Form durchnähen.

— — Für die Innentasche die beiden Stoffteile rechts auf rechts legen und ca. 0,5 cm breit zusammennähen. Eine Wendeöffnung nicht vergessen! Wenden, bügeln. Die Innentasche auf die rechte Seite des Futterteils nähen, und zwar mittig ca. 5 cm von der oberen Kante.

— — Das Futterteil wie das Außenteil nähen. Nun die Tasche und das Futterteil rechts auf rechts ineinander stecken. Die Seitennähte liegen übereinander. Alles feststecken. Jetzt Außentasche und Futterteil an der Oberkante zusammennähen. Dafür in der Mitte der Kante beginnen und rundum zusammennähen. Ca. 15 cm vor dem Nahtende eine Wendeöffnung lassen. Die Tasche wenden und die Öffnung mit einigen Stichen zunähen (Leiterstich, s. S. 7).

— — Bügeln und die Taschenbänder verknoten. Eine Blüte häkeln und einen Knopf mit Stoff überziehen. Alles zusammennähen und mit einer Sicherheitsnadel an die Tasche stecken.

SCHNITTMUSTER UND ANLEITUNG, BEUTELTASCHE

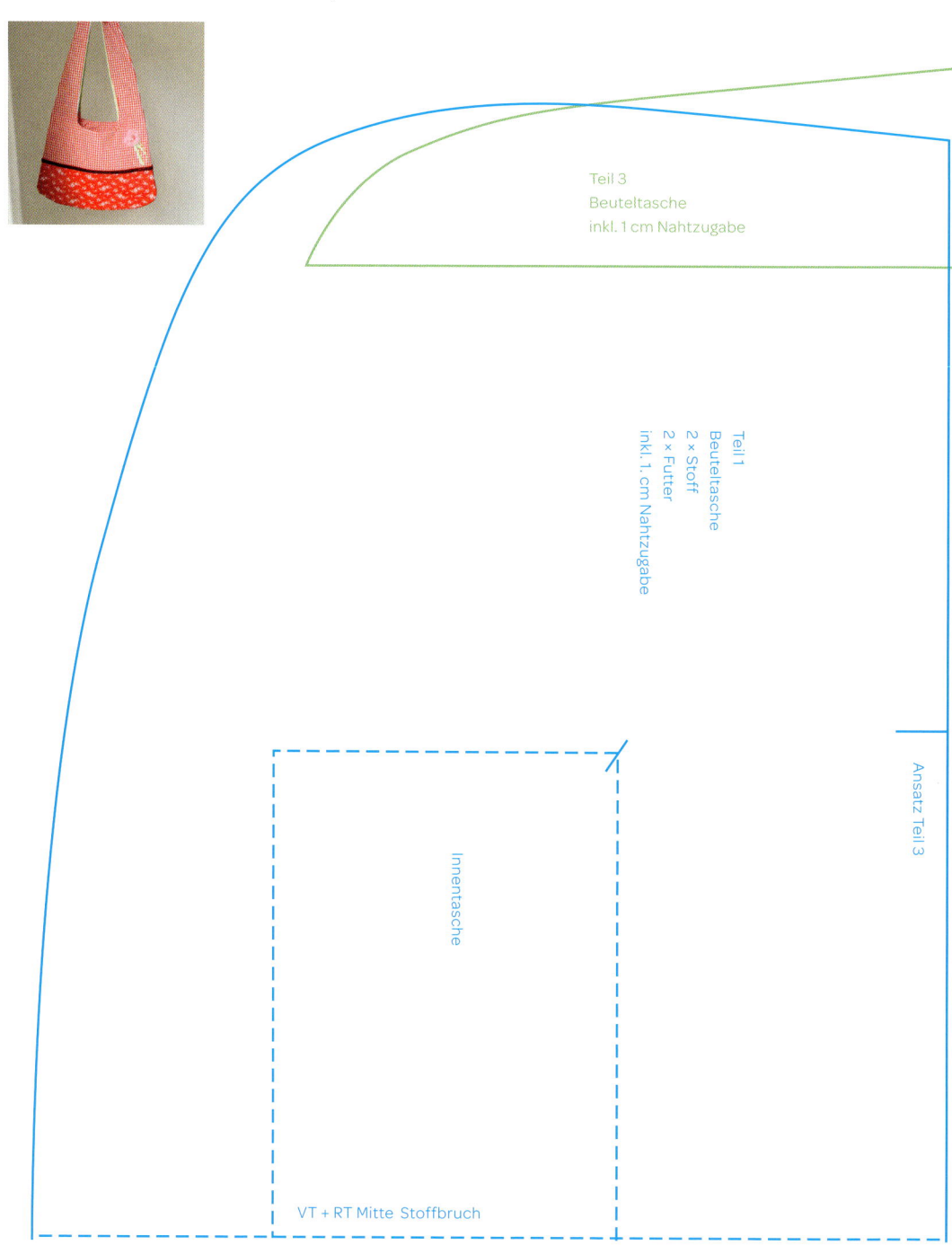

Teil 3
Beuteltasche
inkl. 1 cm Nahtzugabe

Teil 1
Beuteltasche
2 × Stoff
2 × Futter
inkl. 1 cm Nahtzugabe

Ansatz Teil 3

Innentasche

VT + RT Mitte Stoffbruch

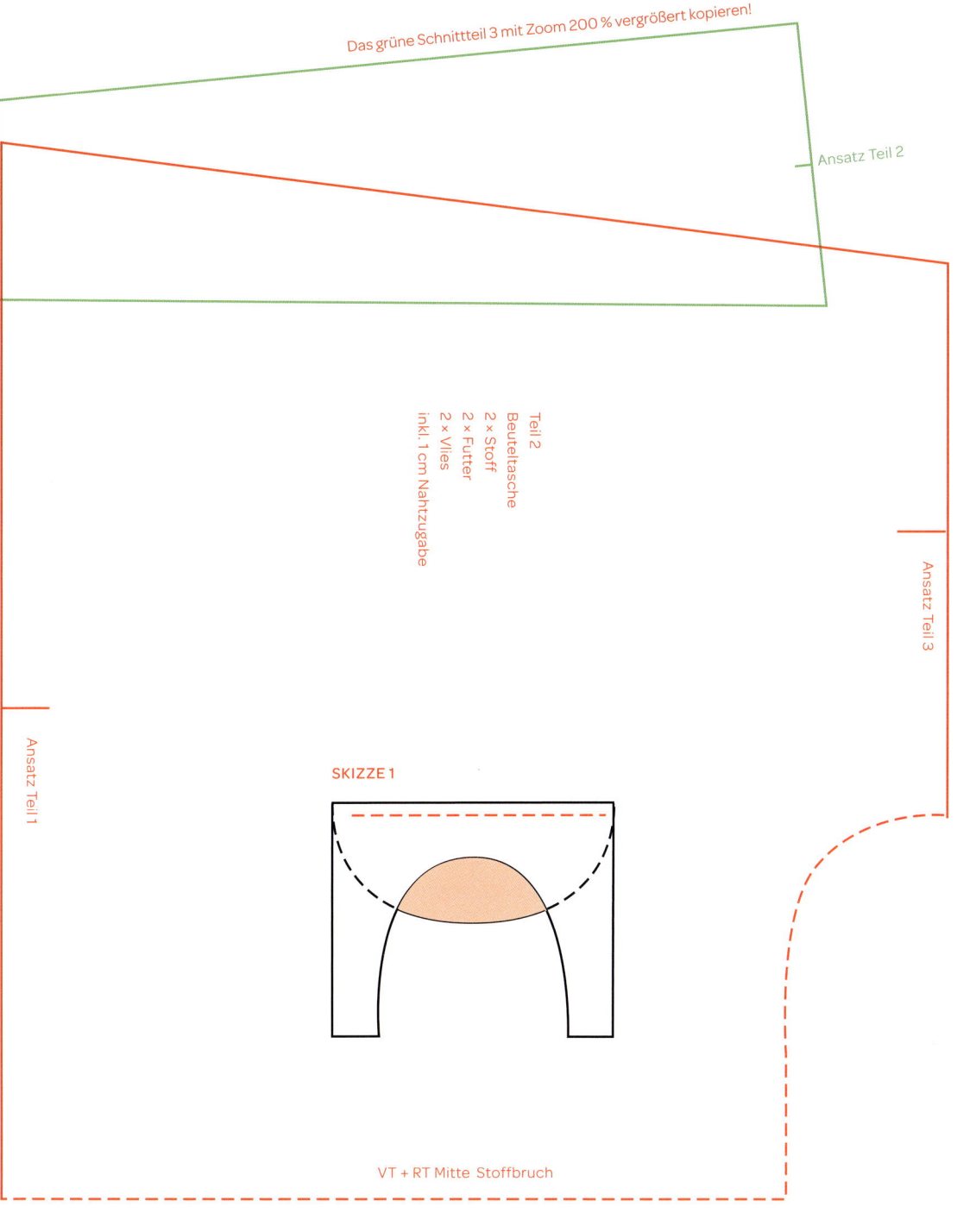

Das grüne Schnittteil 3 mit Zoom 200 % vergrößert kopieren!

Ansatz Teil 2

Ansatz Teil 3

Teil 2
Beuteltasche
2 × Stoff
2 × Futter
2 × Vlies
inkl. 1 cm Nahtzugabe

Ansatz Teil 1

SKIZZE 1

VT + RT Mitte Stoffbruch

Mappe für Malsachen

Für kleine Künstler ist es wichtig, ihre Malsachen immer dabei und immer beisammen zu haben, und diese Mappe bietet dank stabiler Einlage auch eine gute Unterlage.

MATERIAL Stoff für außen und für innen │ Stoff für Applikation │ Stoff für die Innentasche (Block) │ Stoff für die Innentasche (Stifte) │ Volumenvlies H640 │ Einlage S320 │ 40 cm Satinband, ca. 2 cm breit │ Textilstift

ZUSCHNITT JE 1× AUSSENSTOFF, FUTTER, VOLUMENVLIES UND EINLAGE, Rechteck von 66 cm × 26 cm │ 1× FÜR MALBLOCK-TASCHE, Rechteck von 50 cm × 26 cm │ 1× FÜR STIFTE-TASCHE, Rechteck von 30 cm × 26 cm

ANLEITUNG — — Nun die Einlage S320 auf den Außenstoff bügeln. Das Volumenvlies H640 auf das Futter bügeln. Jetzt die Innentasche für den Malblock doppelt falten zu einem Rechteck von 25 cm × 26 cm. Die linke Seite liegt innen.

— — Die Stiftetasche ebenfalls doppelt falten zu einem Rechteck von 15 cm × 26 cm. Die linke Stoffseite liegt auch hier innen. Jetzt die Stiftetasche auf die Malblocktasche legen. Die offenen Kanten liegen bündig übereinander. Diese Kanten nun knappkantig zusammensteppen. Für die Stifteabtrennung die Mitte der Stiftetasche ausmessen. Von dort aus mit einem Textilstift eine senkrechte Linie einzeichnen. Von der Mittellinie aus nach rechts und nach links im Abstand von 2 cm jeweils 5 weitere senkrechte Linien aufzeichnen. Die Linien nachnähen. An den oberen und unteren Kanten gut verriegeln, damit sie nicht mehr aufgehen.

— — Jetzt die Innentasche mit der Stiftetasche auf die rechte Seite des Futterstoffs legen, so dass die drei Kanten aufeinanderliegen. Die Seitenkanten der Innentasche knappkantig mit dem Futterteil zusammennähen.

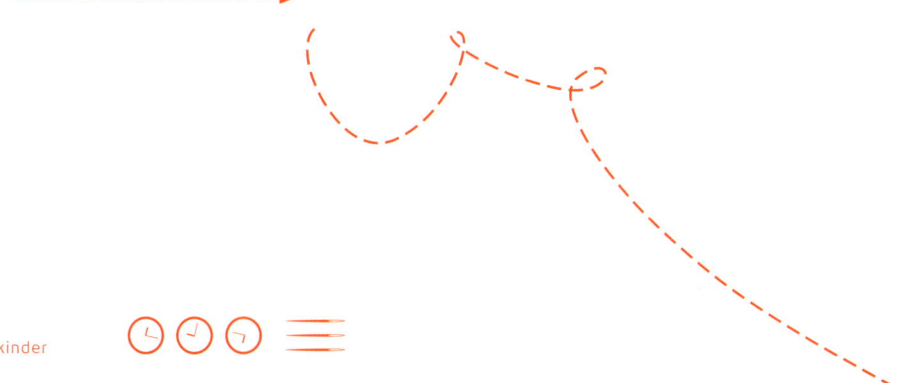

1 ×

1 ×

1 ×

1 ×

1 ×

1 ×

1 ×

1 ×

— — Die beiden Satinbänder jeweils in der Mitte der beiden kurzen Seiten des Außenstoffs auflegen (Bänder liegen nach innen) und knappkantig annähen.

— — Die Applikationen aus der Vorlage kopieren. Bügelvlies auf die Stoffreste bügeln. Schablone übertragen, ausschneiden und auf die gewünschte Stelle auf dem Vorderteil des Außenstoffs bügeln. Mit einem kleinen Zickzack-Stich aufnähen (s. S. 4–6).

— — Nun den Außenstoff mit der rechten Seite nach unten auf das Futterteil legen. Ringsum zusammenstecken und nähfußbreit zusammennähen. Dabei in der Mitte ca. 15 cm zum Wenden offen lassen. Eventuell die Nahtzugabe zurückschneiden. Die Ecken der Nahtzugabe schräg abschneiden.

— — Jetzt alles durch die Wendeöffnung ziehen. Die Ecken vorsichtig mit Hilfe einer Stecknadel nach außen ziehen. Bügeln. Die Wendeöffnung mit ein paar Handstichen zunähen.

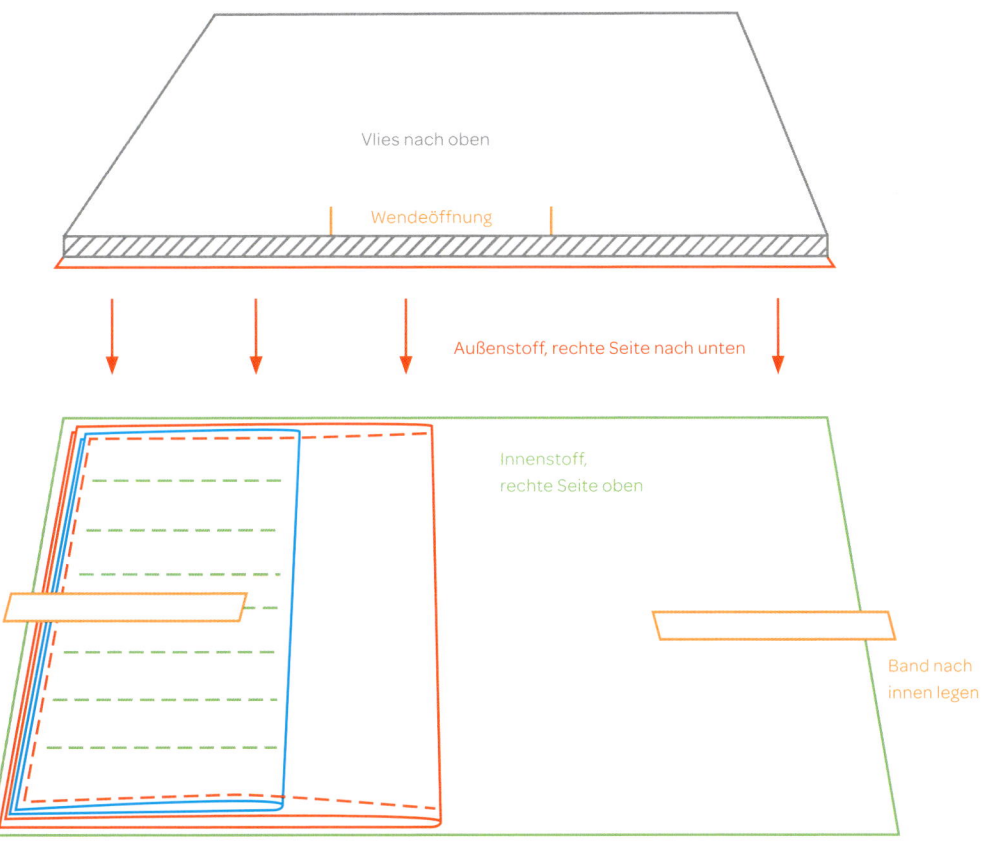

Vlies nach oben

Wendeöffnung

Außenstoff, rechte Seite nach unten

Innenstoff,
rechte Seite oben

Band nach
innen legen

Haarspangentasche

Es ist unwahrscheinlich, welche Mengen von Haarspangen sich bei einem kleinen Mädchen ansammeln können. Die Haarspangentasche bringt Ordnung ins Chaos und ist die Vorläuferin des Kulturbeutels auf Reisen. Zum Verschenken unbedingt hübsch füllen!

MATERIAL   Baumwollstoff │ Volumenvlies │ 1 großer Druckknopf │ Bänder oder Litze │ Klettband

ZUSCHNITT   **1× AUS INNENSTOFF, AUSSENSTOFF, VOLUMENVLIES** je ein Rechteck von 25 × 36 cm **ZUSCHNEIDEN** │ **1× GROSSE INNENTASCHE:** 14 × 25 cm │ **1× KLEINE INNENTASCHE:** 9 × 25 cm │ **KLETTBAND FÜR DIE GROSSE INNENTASCHE** 25 cm │ **3× BÄNDER ODER LITZE** zu je 25 cm

ANLEITUNG   —— Eine Längskante der kleinen Innentasche versäubern. Für die beiden Innentaschen je 2 cm Saum von der oberen Kante nach innen, d. h. auf die linke Stoffseite, bügeln. An die innere, umgeschlagene Seite der großen Innentasche ca. 1 cm unterhalb der oberen, umgebügelten Kante das Klettband feststecken und aufnähen. Volumenvlies unter die linke Seite des Innenstoffs legen und feststecken. Auf der rechten Seite vom Innenstoff von der unteren Kante aus in gleicher Höhe das Gegenstück vom Klettband annähen.

—— Die kleine Innentasche mit der linken Seite nach innen auf die rechte Seite der großen Innentasche legen, so dass die unteren Kanten bündig liegen. Um 2 Taschen zu erhalten, in der Mitte – hier bei 12,5 cm – auf die große Tasche aufsteppen.

—— Von der oberen Kante des Innenstoffs ca. 6 cm für das erste Band nach unten messen. Von dort ca. 7 cm für das zweite und nochmals ca. 6 cm für das dritte Band abmessen. Alles feststecken. Damit später, wenn der Außenstoff aufgelegt wird, nichts mehr verrutschen kann, die Bänder am besten mit ein paar kleinen Stichen fixieren.

—— Für eine Borte auf dem Außenstoff ca. 5 cm vom oberen Rand nach innen messen und die Borte aufnähen. Sollte die Borte ein Motiv haben, darauf achten, dass sie am Ende nicht auf »dem Kopf« steht.

—— Nun den Außenstoff mit der rechten Seite nach innen bündig auf die rechte Seite des Innenstoffs legen und ringsum feststecken. Eine Wendeöffnung frei lassen. Mit 1 cm Abstand zum Rand alle Lagen zusammensteppen. Die Nahtzugabe zurückschneiden. Alles durch die Wendeöffnung ziehen. Bügeln und die Wendeöffnung mit ein paar Handstichen (Leiterstich s. S. 7) schließen.

—— Stelle des Druckknopfs festlegen und den Knopf und sein Gegenstück annähen.

—— Eventuell eine Häkelblüte (s. S. 70) aufnähen.

Haargummi

Einfach, schnell gemacht und doch sehr individuell: So lassen sich Stoffreste verwerten und zugleich passt der Haarschmuck farblich immer perfekt zum Kleid oder zum Pullover.

MATERIAL   Stoff │ Hosengummi

ANLEITUNG   — — Einen Stoffstreifen von 30 cm × 5 cm zuschneiden. Die Längsseite rechts auf rechts legen, feststecken und die Längsnaht ca. 1 cm breit absteppen. Das Band mit Hilfe einer Sicherheitsnadel auf rechts ziehen. Bügeln.

— — Gummiband ca. 15 cm lang zuschneiden und mit Hilfe einer Sicherheitsnadel durch den Stofftunnel ziehen. Das Gummi zusammennähen. Die offenen Stoffkanten leicht übereinander schieben und zusammennähen.

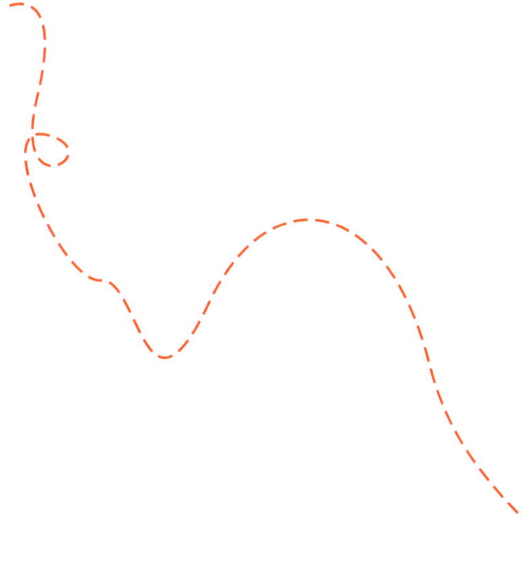

*Nie mehr herumhängende Schal-Enden! Ein Loop
ist praktisch und schick, besonders, wenn er wie
hier zwei Stoffarten kombiniert.*

MATERIAL   Fleece │ Jersey

ZUSCHNITT   **AUS FLEECE UND JERSEY JE EIN RECHTECK VON** 27 cm × 150 cm │ **STOFFLÄNGE: KINDER
AB 8 JAHRE:** 140 cm–150 cm / **KINDER BIS 8 JAHRE:** ca. 110 cm

ANLEITUNG   — — Den Stoff in gewünschter Länge und Breite zuschneiden. Darauf achten, dass der
Stoff in der Länge dehnbar ist.

— — Die beiden Stoffbahnen der Länge nach rechts auf rechts legen. (»Schöne« Seite
innen!)

— — Die beiden langen Seiten mit Sicherheitsnadeln zusammenstecken. An einer der
beiden Längsseiten die ersten und die letzten 5 cm nicht feststecken.

— — Nun die erste Längsseite von Anfang bis Ende mit 1 cm Naht zusammensteppen.
Fürs steppen einen Zickzack-Stich oder den elastischen Dreifach-Gerad-Stich verwenden. Die zweite Längsseite zusammennähen und dabei am Anfang und Ende ca. 5 cm
offen lassen.

— — Nun wie zum Wenden in den Schlauch hineingreifen und von innen das eine
Ende des Schlauchs zum anderen Ende ziehen, also sozusagen nach dem halben
Wenden aufhören. Glattstreichen und Seitennaht auf Seitennaht ziehen.Nun liegen
vier Stoffbahnen aufeinander, und zwar zwei Lagen Fleece rechts auf rechts und zwei
Lagen Jerseystoff rechts auf rechts. Die beiden offenen Schlauchenden rechts auf rechts
zusammenstecken und rundum mit ca. 1 cm Nahtzugabe zusammensteppen .Vor der
Wendeöffnung (5 cm an jedem Ende, die jetzt aneinander liegen = 10 cm) aufhören.

— — Den Loop durch die Öffnung wenden. Die Nahtzugabe nach innen legen und
die Wendeöffnung mit ein paar Stecknadeln fixieren und mit ein paar kleinen Stichen
von Hand schließen (Leiterstich, s. S. 7).

ANLEITUNG, LOOP

1.

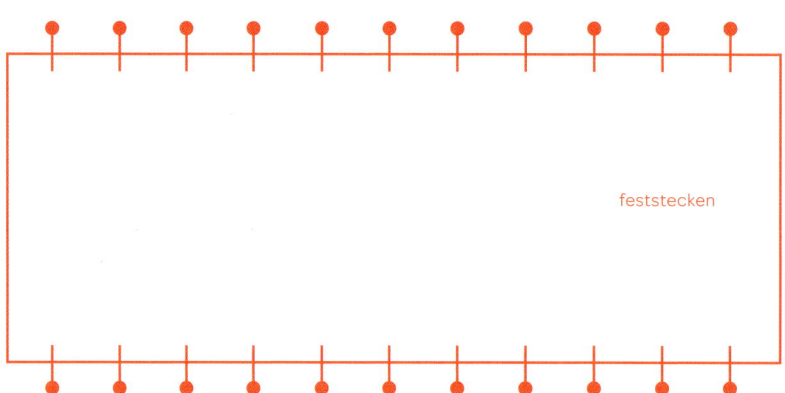

feststecken

2.

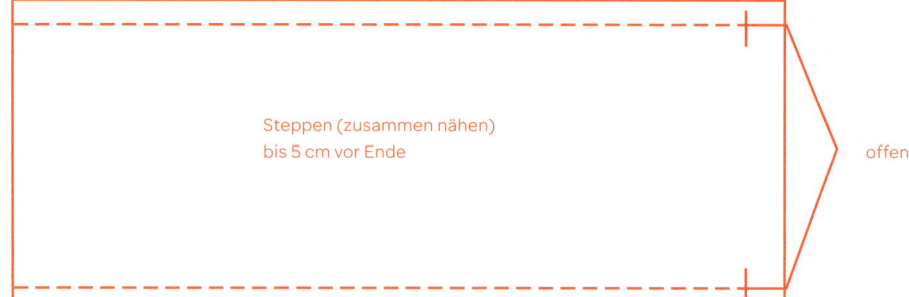

Steppen (zusammen nähen)
bis 5 cm vor Ende

offen

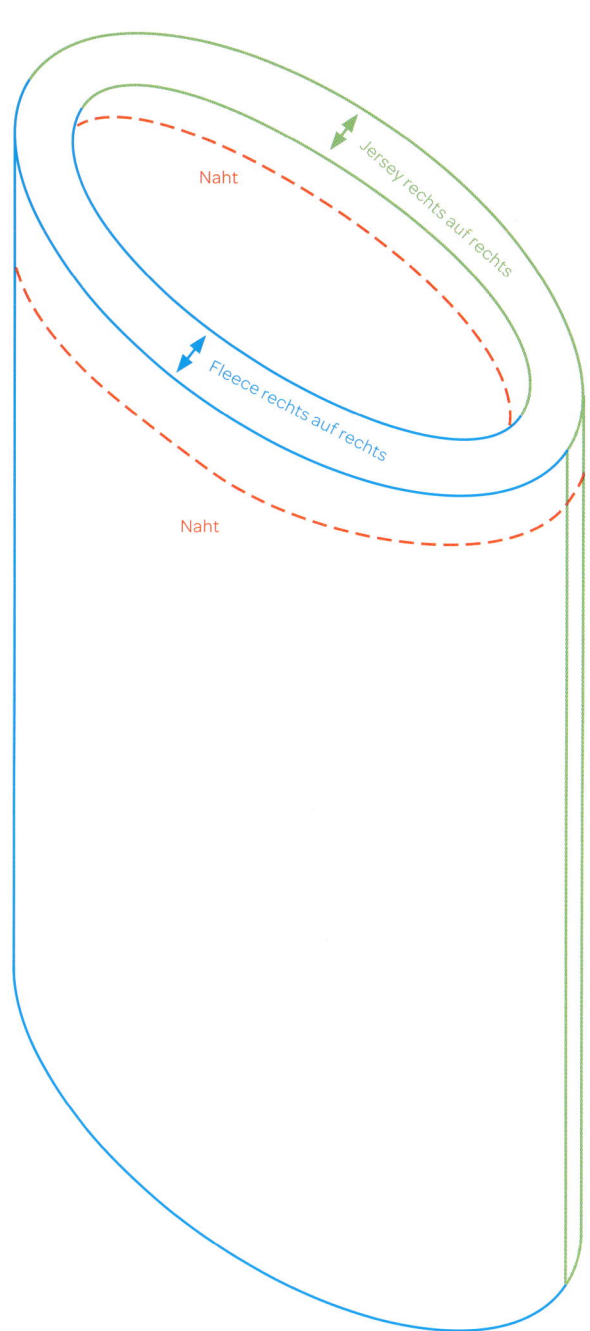

Naht

Jersey rechts auf rechts

Fleece rechts auf rechts

Naht

Flötentasche

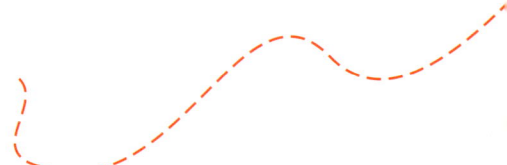

Die erste Blockflöte sollte man besonders in Ehren halten. Daher lohnt sich die Mühe für diese hübsche Flötentasche. Im Patchworkstil lässt sich die Tasche auf andere Accessoires wie Haargummis oder Loop abstimmen.

MATERIAL   Baumwollstoff für außen und innen | Volumenvlies | Klettband

MATERIAL   1× RÜCKENTEIL 10,5 cm × 44,0 cm | 1× VORDERTEIL 10,5 cm × 37,5 cm ODER AUS VERSCHIEDEN LANGEN STOFFSTÜCKEN IM PATCHWORKSTIL ANEINANDER GENÄHT. SOLLTE MAN FÜR DAS VORDERTEIL MEHRERE STOFFSTÜCKE ZUSCHNEIDEN, DIE NAHTZUGABEN NICHT VERGESSEN. | Ich habe zugeschnitten: 2× 10,5 cm × 6 cm | 2× 10,5 cm × 7 cm | 1× 10,5 cm × 10 cm | 1× 10,5 cm × 8 cm | 1× 10,5 cm × 4 cm

ANLEITUNG   — — Alle Teile mit 1 cm Nahtzugabe zusammennähen. Nahtzugabe auseinanderbügeln und auf dem Vorderteil an der Nahtkante entlang nochmals ca. 0,3 cm breit absteppen, um die Nahtzugabe von hinten auf dem Stoff festzunähen.

— — Futterteil zuschneiden: 1 mal 10,5 cm × 44,0 cm; 1 mal 10,5 cm × 37,5 cm.

— — Klettband 5 cm lang zuschneiden.

— — Klettband am Vorderteil ca. 3 cm von der oberen Kante auf der rechten Stoffseite mittig aufnähen. Das zweite Klettband im längeren Futterteil ca 3,5 cm von der oberen Kante auf der rechten Stoffseite aufnähen. Vor dem Aufnähen überprüfen, ob die Klettteile übereinander passen.

— — Volumenvlies 1 mal 10,5 cm × 44,0 cm und 1 mal 10,5 cm × 37,5 cm zuschneiden.

— — Das Patchwork-Vorderteil mit der linken Seite (Innenseite) auf das Volumenvlies legen. Das entsprechende Futterteil mit der rechten Seite auf die rechte Seite des Patchworkteils legen. Die obere schmale Kante 1 cm breit absteppen. Umschlagen: Nun liegt das Volumenvlies zwischen dem Vorderteil und Futter.

– – Jetzt das längere Futterteil mit dem Klettverschluss nach oben auf das entsprechende Volumenvlies legen. Das (nun dreilagige) Patchworkteil mit der rechten Seite nach oben auf die rechte Seite des langen Futterteils legen, so dass die Unterkanten bündig sind. Das lange Außenteil mit der rechten Seite nach unten auf alle Lagen legen. Nun die beiden Seitennähte und die obere kleine Kante ca. 1 cm breit durch alle 4 bzw. 6 Lagen absteppen. Die untere Kante ist die Wendekante und bleibt offen. Die Nahtzugaben zurückschneiden und alles durch die untere Öffnung ziehen. Die schmale Kante 1 cm vom Rand zusammennähen, die Nahtzugabe zurückschneiden. Mit Zickzack-Stich versäubern. Tasche nun durch die obere Öffnung wenden. Bügeln.

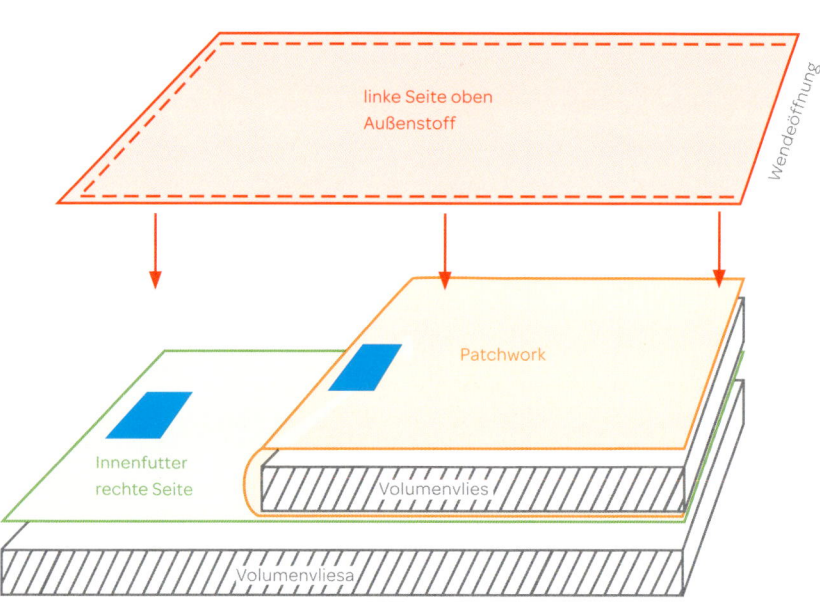

Poesiealbum-Umschlag

Natürlich gibt es auch Freundebücher, aber ein Poesiealbum kann so viel mehr als Lieblingsspeisen und Filmstars festhalten. Als Geschenk unbedingt mit Glanzbildern abrunden!

MATERIAL Poesiealbum | Außenstoff | Futterstoff | Bügelvlies: Vlieseline H250 | Stoffreste | Doppelseitiges Bügelvlies (Vliesofix) | Zackenlitze, Spitze oder Borte | Perle oder Glöckchen | Satinband

ANLEITUNG

— — Das Buch in geschlossenem Zustand genau vermessen, das heißt, die Länge und die gesamte Breite (mit dem Bandmaß von der hinteren Kante über den Rücken bis zur Vorderkante). Für Ober- und Unterkante je 1 cm dazurechnen, für die beiden Innenlaschen je 6 cm.

— — Aus Außenstoff, Innenstoff und Bügelvlies je ein Rechteck in den ausgemessenen Maßen zuschneiden. Applikationen aus der Vorlage (S. 84) kopieren. Doppelseitiges Bügelvlies auf den Applikationsstoff bügeln, das Motiv aufzeichnen und ausschneiden.

— — Das H250-Bügelvlies auf die linke Seite des Außenstoffs aufbügeln. Vom Außenstoff auf beiden Seiten 6 cm für die Innenlaschen nach innen bügeln.

— — Nun die Applikation mittig auf die rechte Seite des Außenstoffes legen, aufbügeln und mit kleinem Zickzackstich aufnähen (s. S. 4–6).

— — Für das Buchzeichen ein Satinband in der gewünschten Länge abschneiden. Die Lage des Buchrückens feststellen und das Band an der Oberkante der entsprechenden Stelle am Umschlag feststecken.

— — Die rechte Seite des Innenstoffs auf die rechte Seite des Außenstoffs legen (dabei die Innenlaschen wieder öffnen). Rundum feststecken und mit einer Nahtbreite von 0,5 cm absteppen. An der Schmalkante des Rückenteils etwa 5 cm zum Wenden offen lassen. Die Nahtzugabe zurückschneiden. Das Werkstück durch die Wendeöffnung auf rechts ziehen und bügeln.

— — Nun die Innenlaschen erneut auf die linke Seite bügeln. Dabei zur Sicherheit nochmals um das Buch legen und abmessen. Die Wendeöffnung mit kleinen Handstichen schließen. Den Saum der Innenlasche mit kleinen Stichen von Hand an Umschlag nähen. Dabei nur die beiden inneren Stofflagen fassen, damit keine Naht am Außenstoff sichtbar ist. An das Lesezeichen unten eine Perle oder ein Glöckchen anknoten.

Geldbeutel

*Das erste Taschengeld, der erste Gang allein zum Bäcker
oder zur Eisdiele – diese besonderen Momente will der
kleine Geldbeutel begleiten.*

MATERIAL   Stoff für die Außenseite und das Futter | Bügelvlies (Vlieseline H200) | Reißverschluss 12 cm |
Zackenlitze, Perlen oder eine selbst gehäkelte Blüte (s. S. 70)

ANLEITUNG   –– Das Vorderteil und das Rückenteil je zweimal aus Außenstoff und Futterstoff zuschneiden. Bügelvlies auf den Außenstoff des Vorder- und des Rückenteils bügeln.

–– Von der oberen Kante der rechten Seite des Vorderteils ca. 3 bis 4 cm nach unten
messen. Dort je nach Wunsch die Zackenlitze, das Band oder die Spitze aufnähen. Am
schönsten wird es mit ein paar kleinen Handstichen. Jetzt vielleicht noch mit ein paar
kleinen Perlen besticken, oder eine Blüte häkeln und aufnähen.

–– Nun den Reißverschluss mit der rechten Seite nach unten entlang der oberen Kante
des Außenstoffs bündig auflegen. Dann den Futterstoff mit der rechten Seite nach unten
auf den Reißverschluss und den Außenstoff legen. Feststecken und mit dem Nähfüßchen
für Reißverschlüsse alle Lagen zusammennähen.

–– Stoff und Futter zurückschlagen, so dass die rechte Seiten wieder sichtbar sind. Das
zweite Stoff- und Futterteil wird genauso an die andere Seite des Reißverschlusses genäht.
Den Reißverschluss öffnen. Außenstoff mit Außenstoff und Futter mit Futter rechst auf
rechts legen. Der Reißverschluss liegt in der Mitte. Feststecken. Das Außenteil mit ca. 1 cm
Nahtbreite zusammennähen. Das Futter genauso zusammennähen, dabei einen ca. 4 cm
langen Schlitz zum Wenden offen lassen.

–– Überschüssige Nahtzugabe zurückschneiden. Alles durch die Wendeöffnung ziehen.
Bügeln und die Wendeöffnung zunähen.

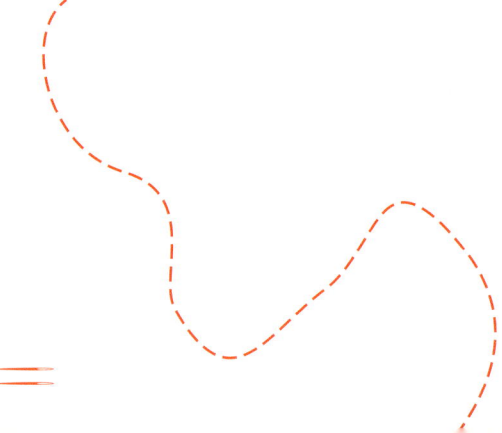

Nikolaus- stiefel

Die Weihnachtszeit ist mit Kindern doppelt schön. In diesen Nikolausstiefel passen Apfel, Nuss und Mandelkern.

MATERIAL Stoff für innen und außen | Zackenlitze, Spitze oder | Bommelband | Stoffrest | Doppelseitiges Bügelvlies (Vliesofix) | Füllwatte

ANLEITUNG — — 2 mal die Teile für den Außenstoff und 2 mal die Teile für den Innenstoff nach dem Muster auf S. 87 zuschneiden.

— — Applikation aus der Anleitung kopieren (S. 87). Doppelseitiges Bügelvlies auf einen Stoffrest bügeln. Applikation aufzeichnen und ausschneiden. Die Applikation auf die gewünschte Stelle im Vorderteil bügeln und mit kleinem Zickzack-Stich aufnähen (s. S. 4–6). Die Stiefelpasse mit der rechten Seite auf die rechte Seiten der beiden Außenstiefel bündig mit der oberen Kante legen. Mit einer Naht in 1 cm Abstand Passe und Außenstiefel zusammennähen. Die Nahtzugabe auseinanderbügeln, Zackenlitze oder Spitze über die Nahtkante legen und festnähen.

— — Die beiden Außenstiefel nun rechts auf rechts legen und mit 1 cm Nahtbreite zusammennähen.

— — Den Innenstoff mit der gleichen Nahtbreite zusammen nähen. Dabei allerdings eine Öffnung zum Wenden lassen.

— — Nun die beiden Stiefel rechts auf rechts ineinanderlegen und den Rand mit einer Naht in 1 cm Abstand zusammennähen. Jetzt den Stiefel durch die Wendeöffnung ziehen und die Öffnung zunähen. Danach das Futterteil in das Stoffteil drücken. Bügeln.

— — Für den Aufhänger einen Stoffstreifen von ca. 20 cm Länge und 4 cm Breite zuschneiden. Stoffstreifen der Länge nach falten und bügeln. Wieder aufklappen und die beiden Längskanten nun zur Stoffmitte bügeln. Dann wieder wie vorher falten, bügeln und knappkantig absteppen.

— — Den Stoffstreifen quer doppelt legen. Ca. 3 cm in den Stiefel stecken und mit ein paar Stichen an der hinteren Mittelnaht festnähen.

— — Das Herz 2 mal ausschneiden. Die Teile rechts auf rechts legen und mit ca. 0,3 cm Nahtzugabe zusammennähen. Eine kleine Wendeöffnung frei lassen. Wenden, bügeln, mit Füllwatte ausstopfen und die Wendeöffnung zunähen. Durch das Herz eine dünne Schnur ziehen und an den Stiefel hängen.

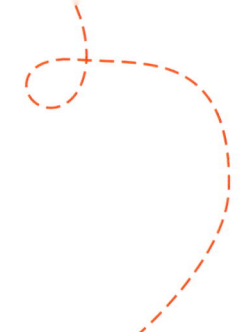

Der Baukasten

*Die verschiedenen Blüten und Broschen sorgen dafür, das ein Nähwerk wirklich
unverwechselbar wird. Dabei kann es ruhig etwas mehr sein: Auch zu dritt oder viert
sehen die Blumen hübsch aus. Bei den Häkelsachen können Grundschulkinder schon
mithelfen.*

HÄKELBLÜTE

MATERIAL Baumwolle │ Häkelnadel Nr. 2,5 – 3

ANLEITUNG
— 4 Luftmaschen häkeln und mit 1 Kettmasche zum Ring schließen
— 1. Runde: 6 feste Maschen um den Ring häkeln und mit 1 Kettmasche in 1 festen
Masche abschließen.
— 2. Runde: 1 feste Masche , 4 Luftmaschen, 1 Stäbchen in die 1. der 4 Luftmaschen.
Diese Folge allen 6 festen Maschen der vorigen Runde wiederholen.
— Mit 1 Kettmasche in der 1. festen Masche der Runde abschließen.
— Die Blüte kann mit einer Perle in der Blütenmitte angenäht werden!

HÄKELBLUME FÜR HAARGUMMI

MATERIAL Baumwollgarn │ Häkelnadel Stärke 2,5 – 3,5 │ Haargummi │ Perle

ANLEITUNG
— 4 Luftmaschen häkeln und mit 1 Kettmasche zum Ring schließen
— 1 Runde: 6 feste Maschen in den Ring häkeln und mit einer Kettmasche in 1. feste
Masche abschließen.
— 2. Runde: 1 feste Masche in eine feste Masche aus der vorigen Runde, 3 Luftmaschen,
dann diese Folge mit der nächsten festen Masche aus der vorigen Runde wiederholen.
Insgesamt sind es 6 Luftmaschenbögen. Mit einer Kettmasche in einer festen Masche
abschließen.
— 3. Runde: 1 feste Masche , 3 Stäbchen, 1 feste Masche in Luftmaschenbogen, diese
Folge über 6 Bögen wiederholen. Die Runde mit einer Kettmasche in die 1. feste Masche
abschließen.

DOPPELTE HÄKELBLÜTE

MATERIAL (hier) Angorawolle | Häkelnadel Nr. 3,5 | Knopfrohling (1,4 cm) zum Überziehen mit Stoff | Bänder ca. 0,5 cm breit | Sicherheitsnadel oder Broschennadel

GROSSE BLÜTE

ANLEITUNG — — 9 Luftmaschen häkeln und mit einer Kettmasche zum Ring schließen.
— — 1.Reihe: In jede Luftmasche rundherum eine feste Masche häkeln.
— — 2. Reihe: 7 Luftmaschen aufnehmen und mit einer festen Masche in die übernächste feste Masche der Vorrunde häkeln. Dies wiederholen, bis man rundherum ist. Das ergibt 5 Luftmaschen-Bögen.
— — 3. Reihe: 1 feste Masche, 5 Stäbchen, 1 feste Masche in den ersten Luftmaschenbogen häkeln. Alles noch viermal wiederholen. Mit einer Kettmasche abschließen.

KLEINE BLÜTE

ANLEITUNG — — 7 Luftmaschen häkeln und mit einer Kettmasche zur Runde schließen.
— — 1. Reihe: In jede Luftmasche eine feste Masche häkeln.
— — 2. Reihe:5 Luftmaschen aufnehmen und mit einer festen Masche in die übernächste feste Masche der Vorrunde häkeln. Dies rundherum wiederholen, das ergibt 5 Luftmaschen-Bögen.
— — 3. Reihe: 1 feste Masche, 3 Stäbchen, 1 feste Masche in den ersten Luftmaschenbogen häkeln. Alles noch viermal wiederholen. Mit einer Kettmasche abschließen.
— — Alle Fäden vernähen. Einen Knopf nach Packungsanleitung mit Stoff überziehen. Die kleine Blüte auf die große Blüte legen und gleich mit dem Knopf oder einer Perle zusammennähen.
— — Bänder in die gewünschte Länge schneiden. Durch die Sicherheitsnadel ziehen und durch die Broschenrückseite stecken, oder die Bänder aufnähen und eine Broschennadel darübernähen.

STOFFBROSCHE

MATERIAL Stoff (ca. 20 cm × 20 cm) | Knopfrohling zum Überziehen mit Stoff, oder Perle | Sicherheitsnadel oder Broschennadel

ANLEITUNG
— — Einen großen Stoffkreis mit einem Durchmesser von 13,5 cm zuschneiden.
— — Einen kleinen Stoffkreis mit einem Durchmesser von 8,5 cm zuschneiden.
— — Mit beiden Kreisen gleich verfahren: Die Außenkante ca. 0,5 cm nach innen schlagen und vorsichtig bügeln. Dann innen entlang dieser Kante mit großen Handstichen oder mit dem größten Stich der Nähmaschine einmal ringsum nähen. Jetzt an beiden Enden des Fadens so ziehen, dass sich der Kreis gleichmäßig kräuselt. Die Enden vernähen. Den kleinen Kreis auf den großen Kreis nähen. Jetzt entweder einen Knopfrohling nach Packungsanleitung beziehen oder eine Perle aufnähen.
— — Auf die Rückseite eine Sicherheitsnadel stecken oder eine Broschennadel nähen.

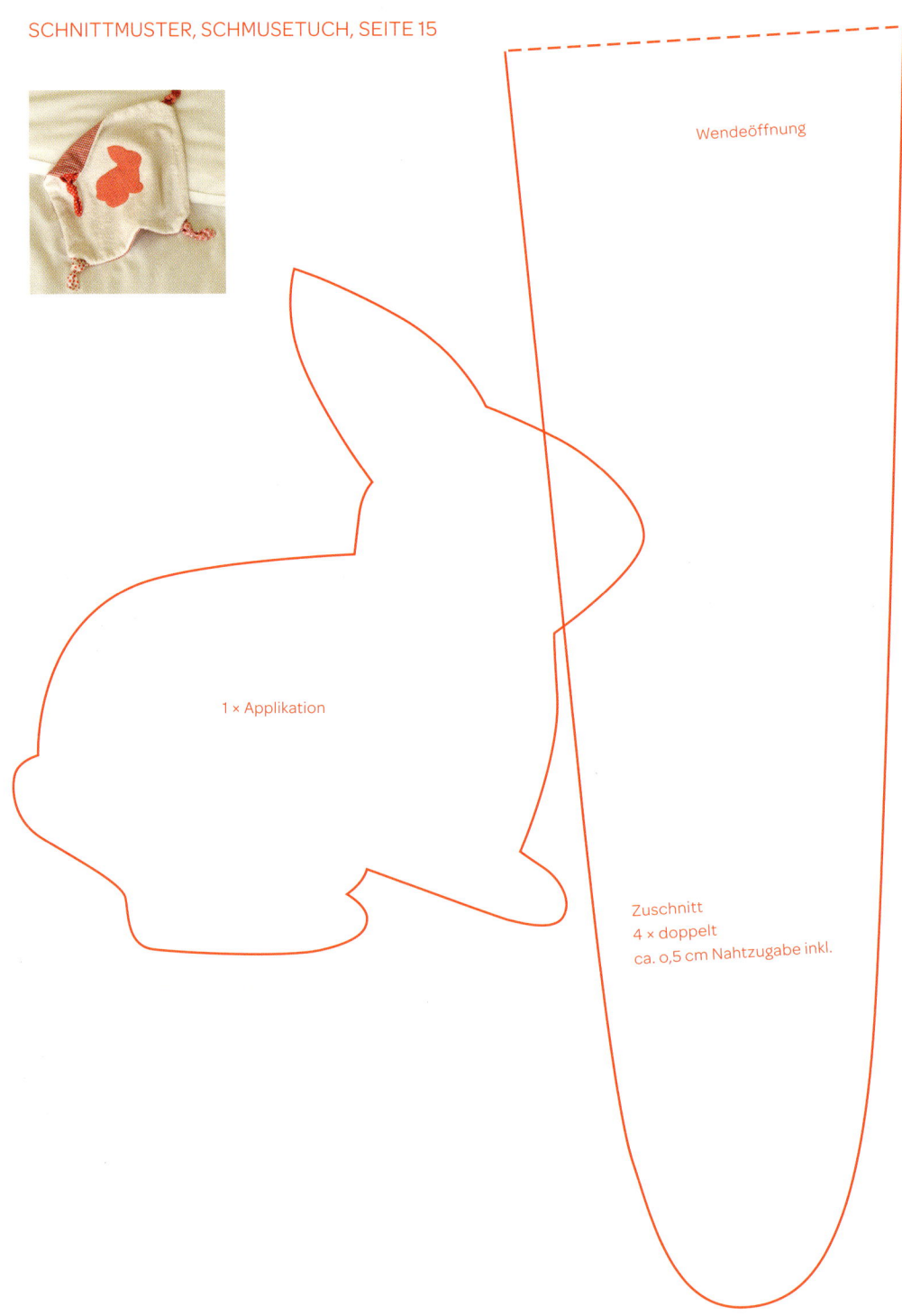

Wendeöffnung

1 × Applikation

Zuschnitt
4 × doppelt
ca. 0,5 cm Nahtzugabe inkl.

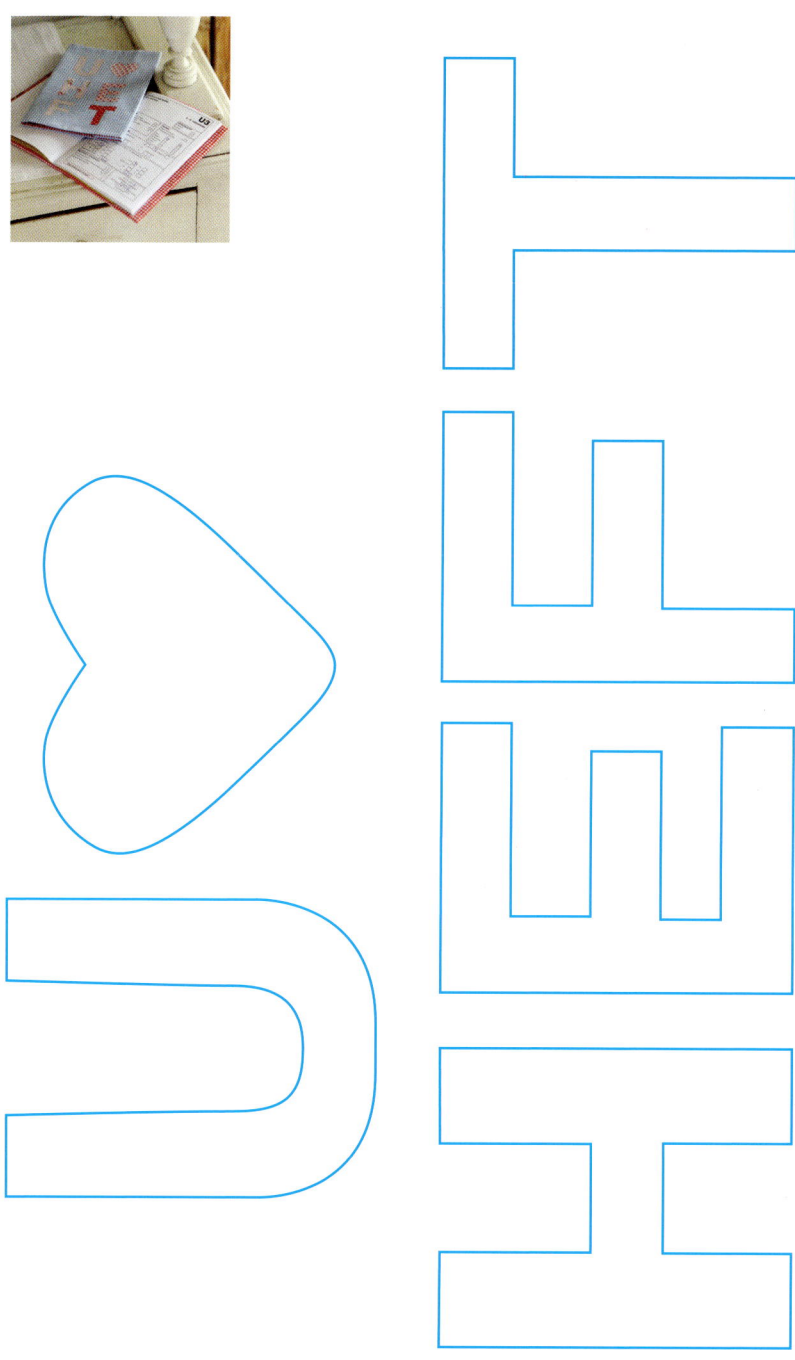

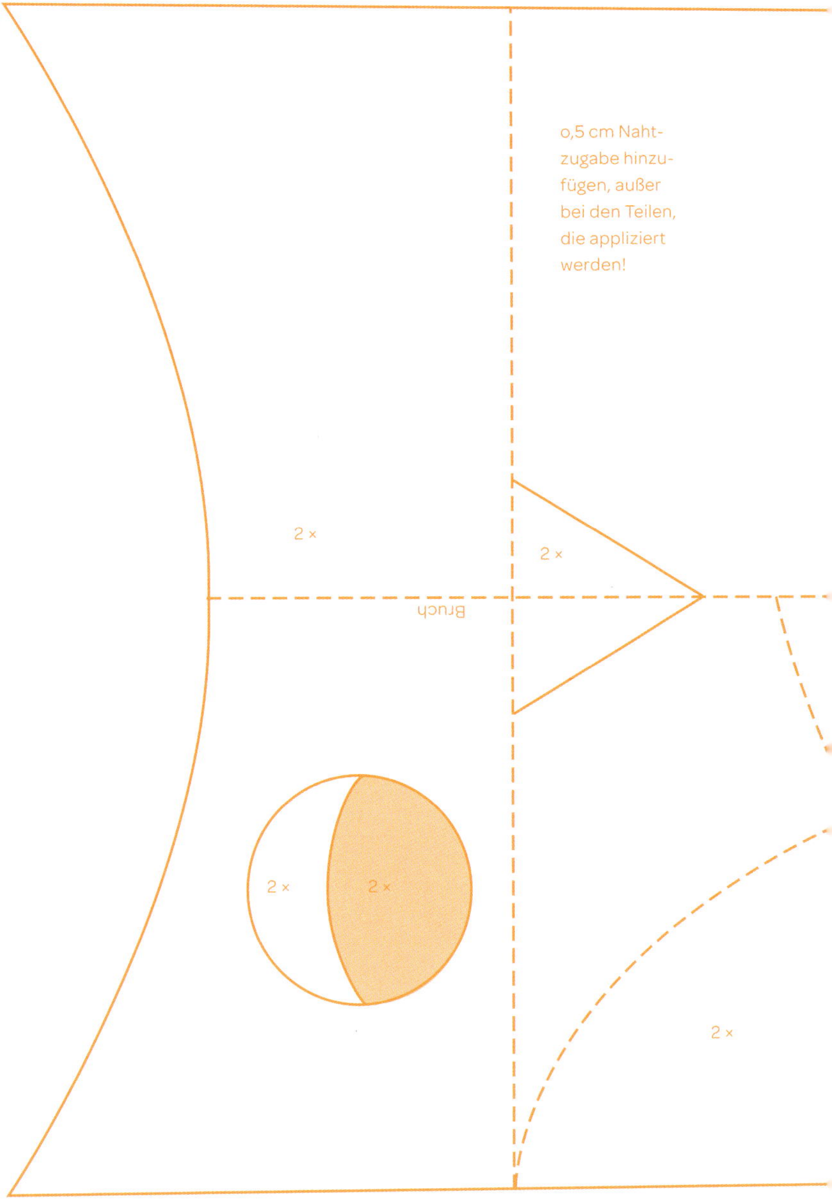

o,5 cm Naht-
zugabe hinzu-
fügen, außer
bei den Teilen,
die appliziert
werden!

2 ×

2 ×

Bruch

2 ×

2 ×

2 ×

2 ×

Bruch

1 ×

Kreuzstich

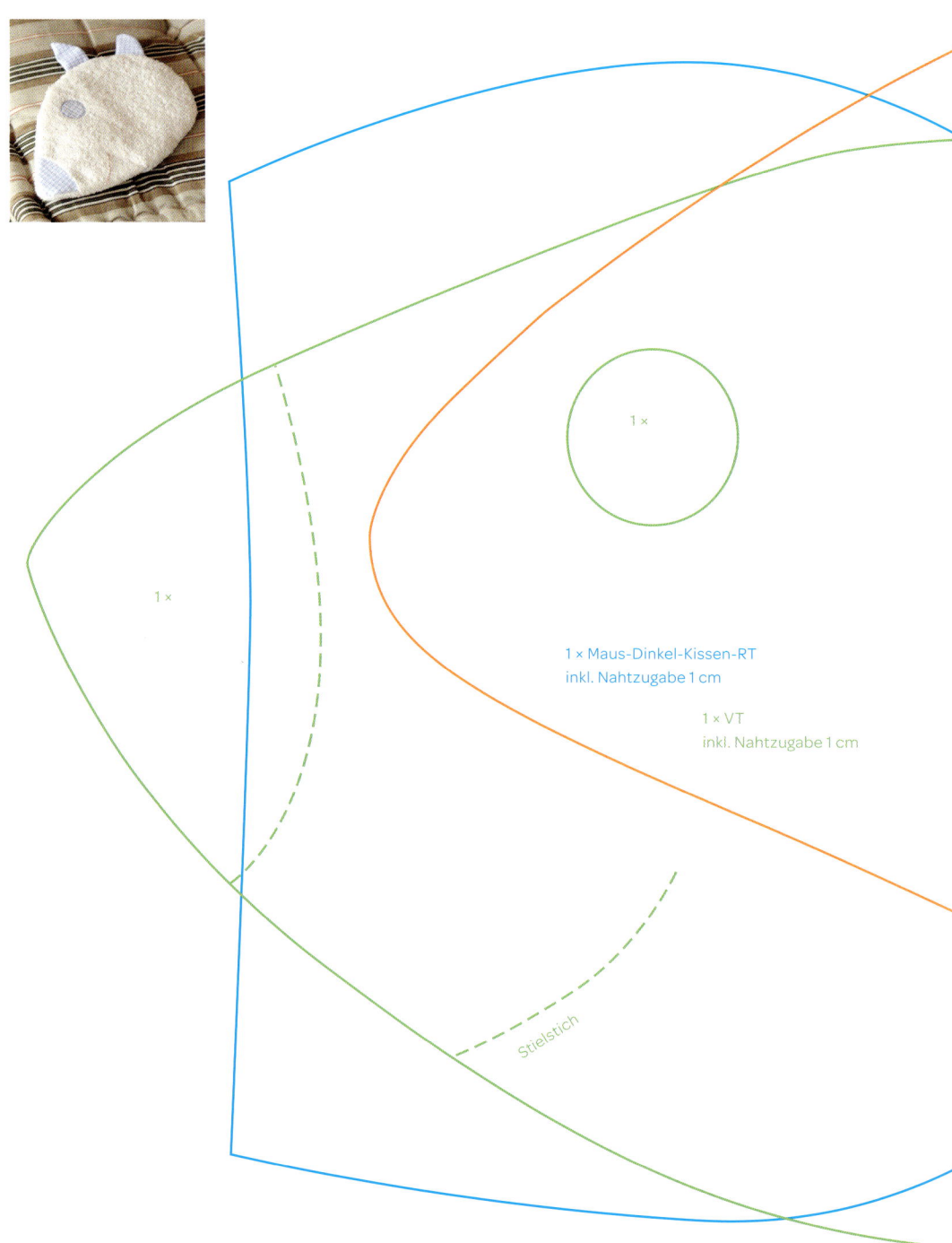

1 ×

1 ×

1 × Maus-Dinkel-Kissen-RT
inkl. Nahtzugabe 1 cm

1 × VT
inkl. Nahtzugabe 1 cm

Stielstich

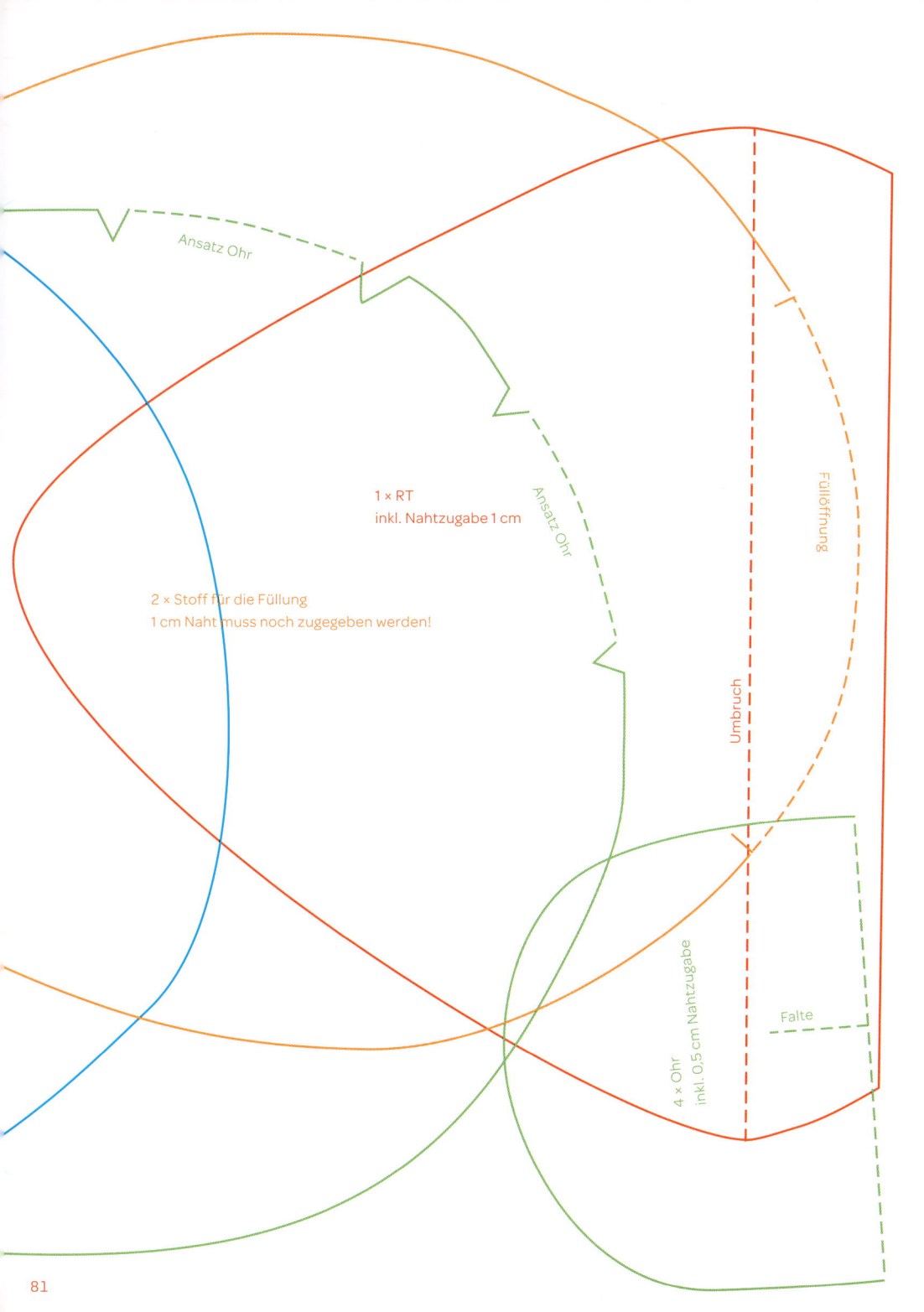

Ansatz Ohr

Ansatz Ohr

1 × RT
inkl. Nahtzugabe 1 cm

2 × Stoff für die Füllung
1 cm Naht muss noch zugegeben werden!

Füllöffnung

Umbruch

4 × Ohr
inkl. 0,5 cm Nahtzugabe

Falte

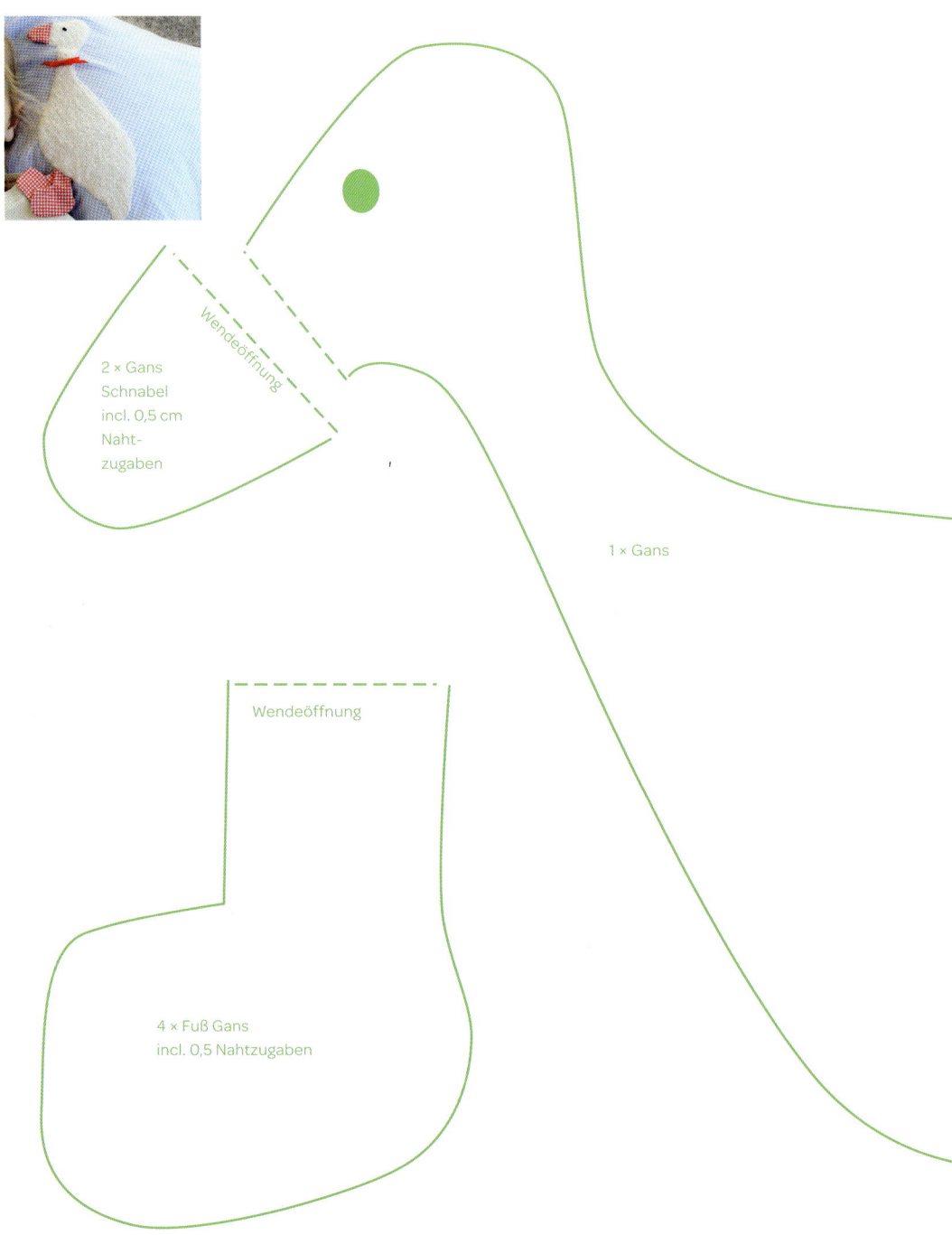

2 × Gans
Schnabel
incl. 0,5 cm
Naht-
zugaben

Wendeöffnung

1 × Gans

Wendeöffnung

4 × Fuß Gans
incl. 0,5 Nahtzugaben

SCHNITTMUSTER, KLEINE TASCHE, SEITE 29 Mit Zoom 200% vergrößert kopieren!

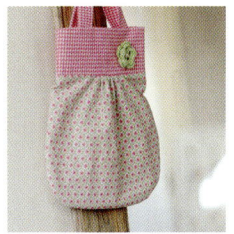

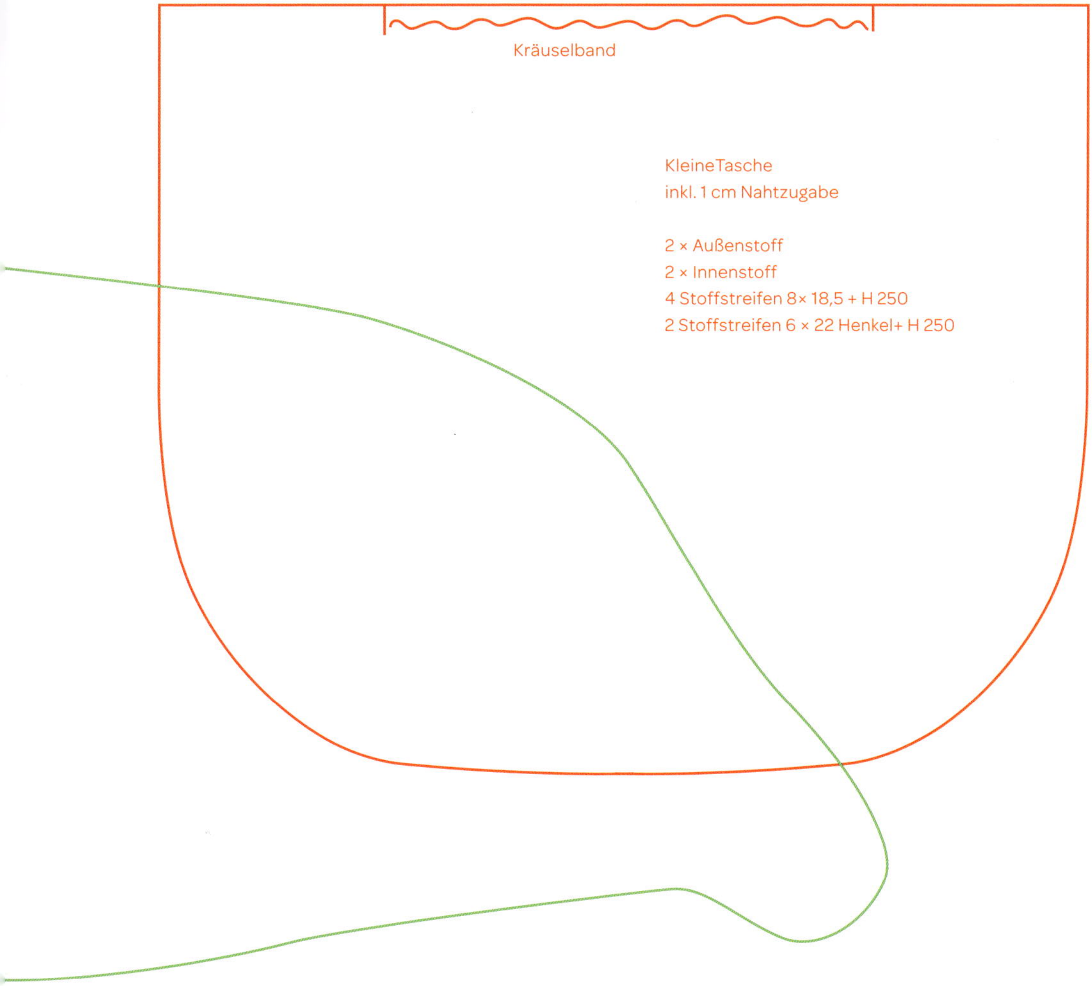
Kräuselband
KleineTasche
inkl. 1 cm Nahtzugabe
2 × Außenstoff
2 × Innenstoff
4 Stoffstreifen 8× 18,5 + H 250
2 Stoffstreifen 6 × 22 Henkel+ H 250

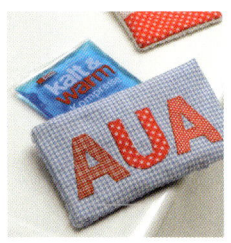

SCHNITTMUSTER, HÜLLE FÜR KÜHLKISSEN, SEITE 34

kalt &
warm
AUA

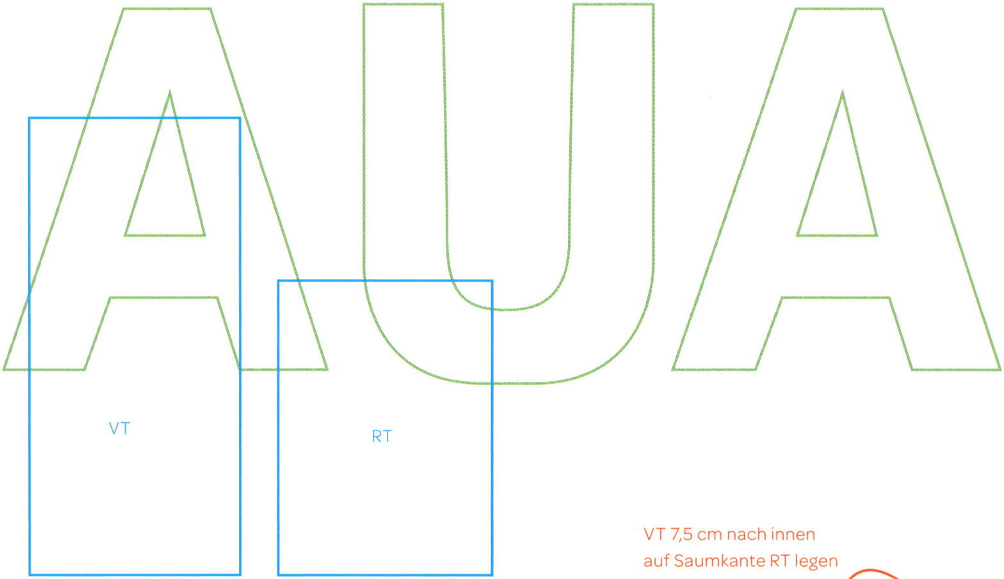
VT
RT

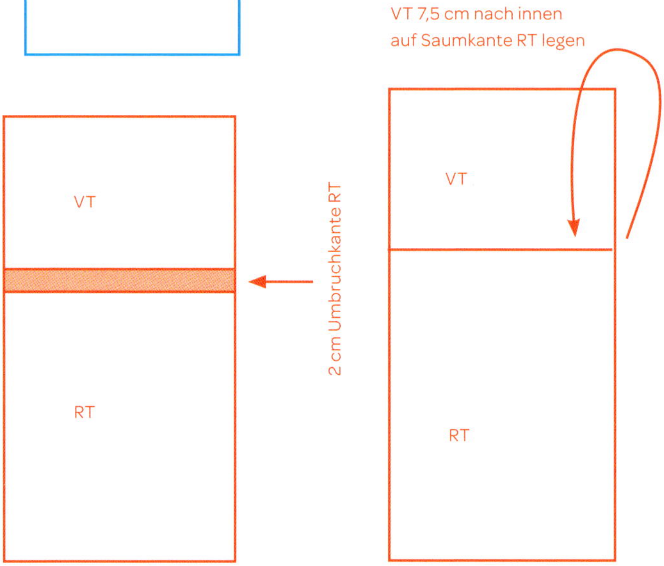
VT
RT
2 cm Umbruchkante RT
VT 7,5 cm nach innen
auf Saumkante RT legen
VT
RT

Zusammenfügen

Ast Teil 2

Ast Teil 1

Zusammenfügen

SCHNITTMUSTER, GELDBEUTEL, SEITE 66

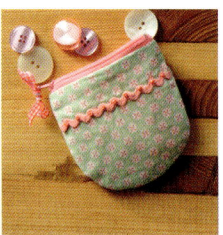

2 × Stoff
2 × Futter
2 × Vlieseline H 200 oder H 250
inkl. 1 cm Nahtzugabe

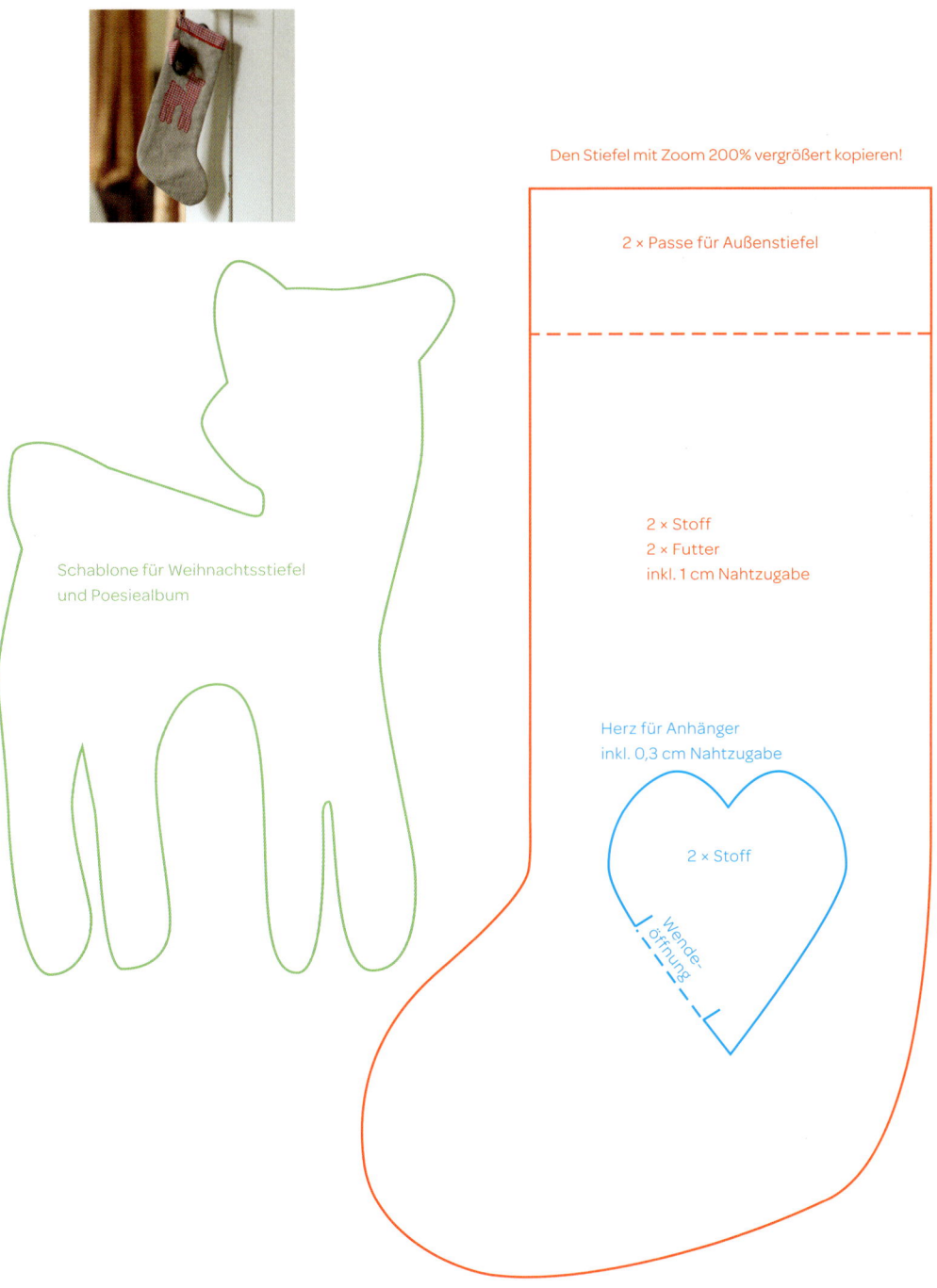

Den Stiefel mit Zoom 200% vergrößert kopieren!

2 × Passe für Außenstiefel

2 × Stoff
2 × Futter
inkl. 1 cm Nahtzugabe

Schablone für Weihnachtsstiefel
und Poesiealbum

Herz für Anhänger
inkl. 0,3 cm Nahtzugabe

2 × Stoff

Wende-
öffnung

VERLAGSGRUPPE PATMOS

PATMOS
ESCHBACH
GRUNEWALD
THORBECKE
SCHWABEN

Die Verlagsgruppe
mit Sinn für das Leben

Für die Schwabenverlag AG ist Nachhaltigkeit ein wichtiger
Maßstab ihres Handelns. Wir achten daher auf den Einsatz
umweltschonender Ressourcen und Materialien.

© 2014 Jan Thorbecke Verlag der Schwabenverlag AG,
Ostfildern
www.thorbecke.de

Gestaltung: Saskia Bannasch, Finken und Bumiller,
Stuttgart
Umschlagabbildung und alle Fotos: Sven Falk, Dettingen,
www.svenfalk.com
Illustrationen und Skizzen: Saskia Bannasch
Druck: Süddeutsche Verlagsgesellschaft, Ulm
Hergestellt in Deutschland
ISBN 978-3-7995-0567-3

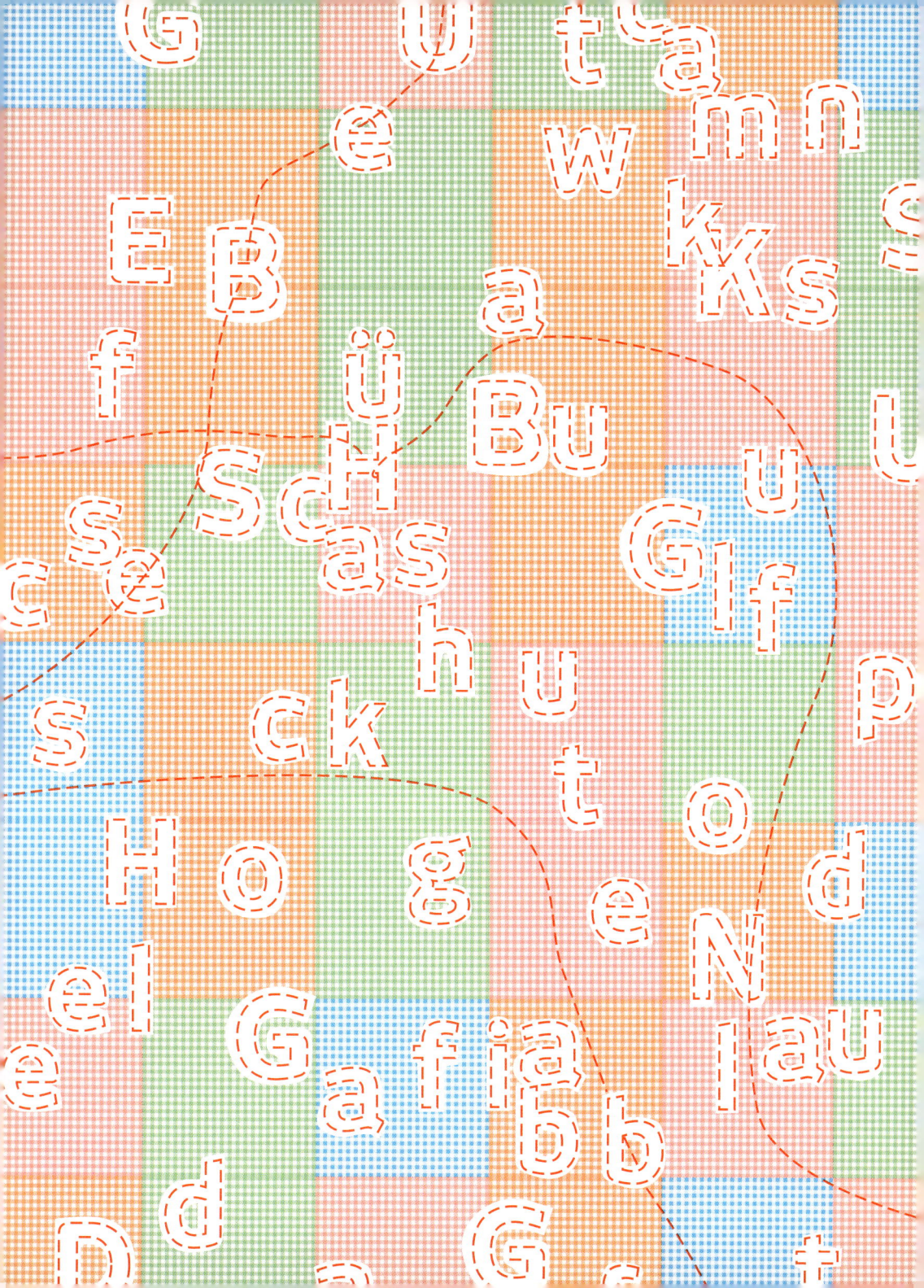

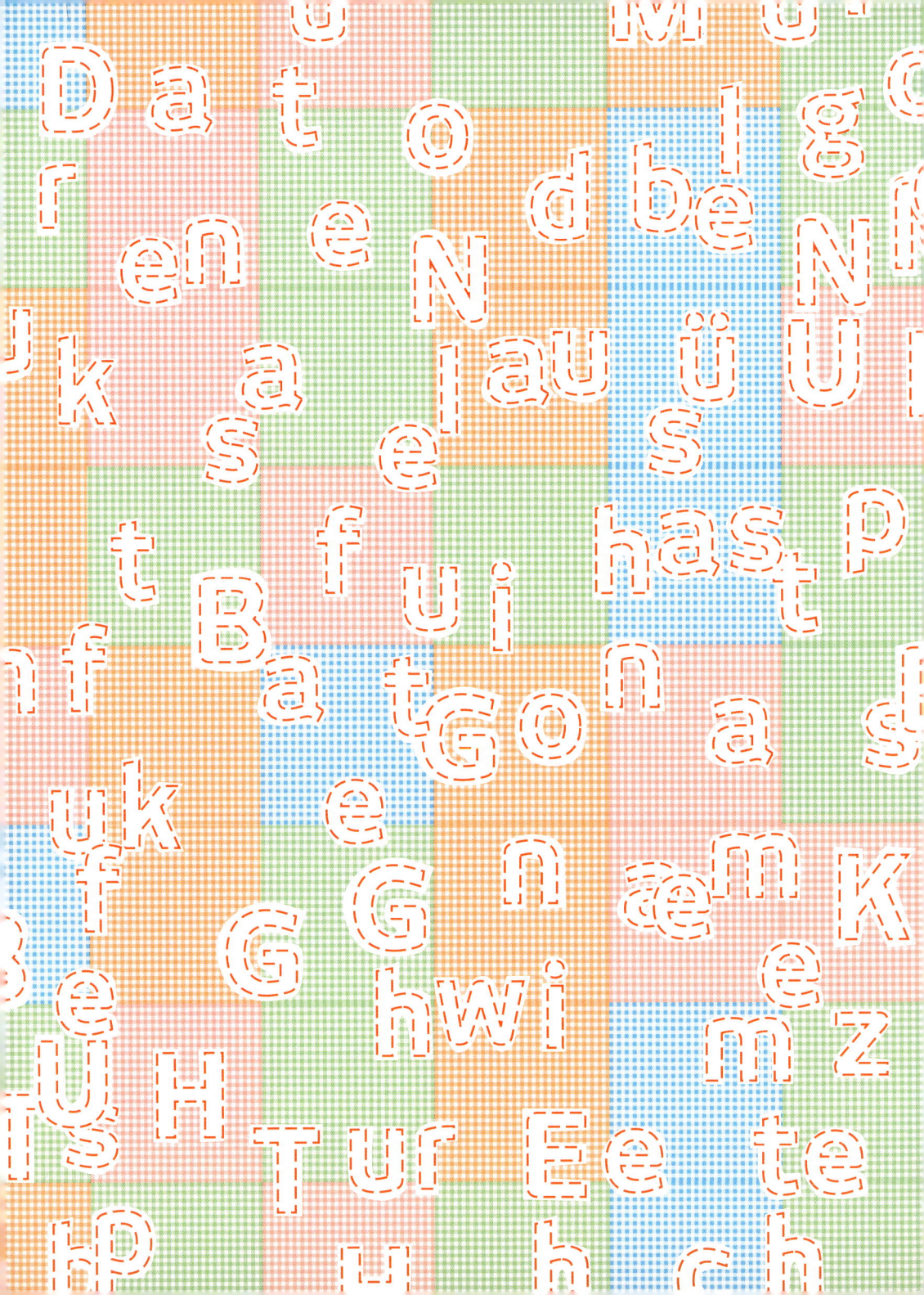